U0107134

『天佑中国！在西陲敦煌洞窟里，竟替我们保留了那千年艺术的灿烂遗影。我们的艺术史可以重新写了！我们如梦初觉，发现先民的伟力、活力、热力、想象力。』

——宗白华

敦煌
艺术
通识课

Lessons in
Dunhuang Art

读懂
中国美学
瑰宝

杨琪 著

中信出版集团｜北京

目 录

前言

　　世界四大文明古国，中国、古印度、古埃及和古巴比伦，只有中国的华夏文明未曾中断，绵延至今，其余古国的文明都中断了。所以，当我们讲到这些古代的国家时，要加一个"古"字——如古印度、古埃及，与现代的印度、埃及相区别。这就不能不使人思考：中华文明究竟有何优长，能够历经战乱而绵延不断呢？

　　这应当是世界必须回答的第一难题，也是我们中国人必须回答的难题。

　　中国的华夏文明，具有其他文明所不及的优长。这个优长，就是世界文明的密码。

　　怎样才能破译这密码呢？要解决这个问题，上下数千年，纵横几大洲，都在考察的范围之中。从何下手呢？大学者季羡林说："世界上历史悠久、地域广阔、自成体系、影响深远的文化体系只有四个：中国、印度、希腊、伊斯兰，再没有第五个；而这四个文化体系汇流的地方只有一个，就是中国的敦煌和新疆地区，再没有第二个。"

　　研究敦煌，就是破译密码的捷径。

　　宗白华先生兴高采烈地告诉我们说："天佑中国！在西陲敦煌洞窟里，竟替我们保留了那千年艺术的灿烂遗影。我们的艺术史可以重新写了！我们如梦初觉，发现先民的伟力、活力、热力、想象力。""中国竟有这样伟大的雕塑艺术，其数量之多，地域之广，规模之大，造诣之深，都足以和希腊雕塑艺术争辉千古！"

　　朋友，让我们一道，学习敦煌，研究敦煌，从而深入地理解华夏文明的奥秘。这本小书，就是您学习、研究、探索敦煌艺术的敲门砖。

欣赏敦煌石窟艺术应当遵循由浅入深的几个步骤。

第一步，远眺莫高窟。

我们不要急急忙忙地进入洞窟，可以先站在敦煌石窟对面的三危山上远眺。你看，在旭日的照射下，那一排排洞窟，好像闪着万道金光。特别是那雄伟的九层楼，辉煌灿烂，使人心动。这时，我们会问，为什么在漫漫黄沙之中，会有如此辉煌的石窟艺术？它何时创建？何时全盛？何时衰败？为什么全盛？为什么衰败？这些被人忘却了的洞窟，何时、因为何事才引起了世人的高度关注？所有这些，都是我们欣赏敦煌石窟艺术的知识准备。本书的第一、二讲就回答了这些问题。

第二步，欣赏彩塑。

精美的彩塑是佛窟的主体。洞窟中的彩塑，有大有小，有多有少，有早有晚。

当我们看到那些金碧辉煌的彩塑，会问：他们是谁？叫什么名字？他们在佛国世界中的地位和作用是怎样的？相互间的关系是什么？

看一个剧本，首先要了解剧本里的人物。所以，在剧本前面，有一个人物表，说明人物叫什么名字，什么职业，相互之间的关系是怎样的。敦煌石窟艺术的大幕还没有拉开，我们就应当首先阅读它的"人物表"。因为人物非常多，所以本书第三、四讲，用了许多文字去说明。

第三步，欣赏飞天。

当我们为洞窟彩塑的美而沉醉时，就不能不问道：石窟的美就是这些吗？不，洞窟最美的形象是飞天。飞天是中国艺术家的杰出创造，就像希腊雕塑，具有永恒的魅力，是高不可及的范本。中国艺术家是怎样创造出这些至美形象的呢？他们的美表现在哪里？本书第五讲回答了这些问题。

第四步，欣赏壁画。

当我们认识了彩塑姓甚名谁之后，就想知道：这些佛、菩萨、飞天是怎么来的？他们有什么活动？最后命运如何？要明白这些问题，就要靠彩塑的补充——壁画。

面对敦煌壁画，扑面而来的就是压倒性的气势。你看，亭台楼阁无数，人物数十上百。他们是谁？他们的关系是怎样的？他们在干什么？这幅壁画表现的是哪部佛经？佛经说了些什么？还有一些壁画，在一幅画中，表现了数十上百的故事。你

想知道那些有趣的故事吗？我认为，了解壁画的全部，那是专家学者的事情，对于敦煌石窟艺术的研究者来说，也许穷其一生的精力，也未必能够探求到敦煌艺术的一切谜底。

而我们是敦煌石窟艺术的欣赏者，大体上了解这些迷人的壁画，不仅是可能的，而且是必要的。本书第六、七、八、九讲将帮助我们了解它们。

第五步，欣赏建筑。

敦煌石窟是建筑、彩塑与壁画的统一体。当我们了解彩塑与壁画之后，自然就会问道：敦煌的建筑有什么特点？它历经了怎样的发展过程？

人们还会好奇：敦煌如此雄伟庞大的艺术宝库，投资人究竟是谁呢？他们的形象，今天还能够看得到吗？敦煌的艺术既然如此辉煌，创造这些的艺术家是怎样的呢？他们是不是得到了与辉煌作品相匹配的报酬？本书第十、十一讲，回答了这些问题。

第六步，欣赏音乐舞蹈。

我们在本书第五讲中，看到了飞天的美。那么飞天是不是为了展现自己的美而来到天国的呢？不是。他们的任务是歌舞。在佛说法的庄严场合，气氛凝重，于是飞天奏起美妙动听的音乐，跳起轻盈活泼的舞蹈。音乐是听觉艺术，而壁画是无声艺术；舞蹈是动的艺术，而壁画是静的艺术。通过壁画能不能让我们听到动听的音乐，看到动人的舞姿呢？本书第十二讲回答了这些问题。

第七步，了解世俗生活。

敦煌石窟艺术表现的是佛教天国的故事，但是，令人惊奇的是，这些佛教艺术创作，真实地展现了敦煌的世俗生活，政治、军事、生产、贸易、娱乐、服饰等，可谓绘声绘色。那里有世俗的人、世俗的情、世俗的活动，看到这些壁画，人们似乎回到了古代，生活在敦煌的世俗社会之中，那是怎样的愉快啊！本书第十三讲说明了这些有趣的事情。

第八步，理论思考。

当我们欣赏完洞窟艺术之后，走出洞窟，扪心自问：我不是佛教信徒，到敦煌石窟不是为了顶礼膜拜，不是为了来世的超脱，那通过石窟艺术我能够得到什么？

我是一名教师，站在讲坛上近60年，按照教学大纲授课，平平庸庸，几乎没有提出过新观点，也没有补充过新资料。我对于敦煌石窟艺术的理解是浅显的，同样既不能提出新的观点，更不能补充新的材料。那么，这本小书还有存在的价值吗？

我以为是有一定价值的。

本书的任务是选取敦煌石窟艺术中最著名、最重要的作品，通过浅显的文字，把那些晦涩深奥的佛经和有趣的形象，融化在生动的故事之中，为那些想了解敦煌艺术的人提供一本入门的通俗读物，使他们轻轻松松地走进敦煌艺术的大门，并引发理论思考。

我通过对敦煌石窟艺术的学习和认真的理论思考，净化了灵魂，产生了新的认识。世界四大文明体系中，只有中华文明不曾中断。由此可见，中国艺术与其他古代艺术相比，具有特殊顽强的生命力。敦煌石窟艺术就是明证，这一点，不仅中国人承认，外国人也不否认。

若问：中国艺术为什么具有顽强的生命力？我的回答是：中国艺术在与外族、外国艺术的交接上，最能吸收，同时又最能抵抗。最能吸收，说明中国艺术的包容性；最能抵抗，说明中国艺术的独立性。只有最能吸收与最能抵抗相结合的艺术，也就是包容性与独立性相结合的艺术，才能够爆发出强大的、顽强的生命力。

让我们听听宗白华先生的切身体会。他说："我在欧洲求学时，曾把达·芬奇和罗丹等的艺术当作最崇拜的诗。可后来还是更喜欢把玩我们民族艺术的珍品。中国艺术无疑是一个宝库！"

如果您读完了这本小书，增加了一点点艺术自信，我的目的就达到了。

增强艺术自信，就是本书的初衷。

莫高窟

千年沧桑

敦煌石窟是绘画、彩塑、建筑的综合体，有莫高窟、榆林窟、西千佛洞等。其中莫高窟有洞窟700多个，壁画45 000多平方米，彩塑2 000余身，前后绵延1 680米。敦煌莫高窟，也叫千佛洞，是世界上规模最大、洞窟最多的佛教艺术圣地。

敦煌石窟的营建，历经十六国（北凉）、北魏、西魏、北周、隋、唐、五代、宋、西夏、元等10个时代，历时1 000多年，甚至到清朝、民国年间，依然有信众对石窟进行维修、补塑、补绘。世界上没有哪一处文明能够延续这样漫长的时间。

敦煌石窟艺术的发展经历了初创、繁荣与衰败三个阶段。

敦煌莫高窟佛教艺术的初创　　我们今天看到敦煌规模庞大的洞窟，总会想到，第一个洞窟是何时、何人兴建的？

前秦建元二年（366），有一个和尚叫乐僔，他从中原到西方佛国取经，路过敦煌，天色已晚，打算在这里过夜。当他掸掸身上的尘土，准备躺下时，不经意地抬头一看，被眼前的景色惊呆了：对面的三危山上，红光万道，金光闪闪。这种景象本来不算奇怪，不过是晚霞满天。奇怪的是他不仅看到了红光万道，金光闪闪，还看到了佛光灿烂，看到了西方极乐世界的景象——如来佛端坐中央，正在说法，听如来说法的弟子、菩萨栩栩如生，圣洁的光环罩在他们的头上，远处的飞天正在翱翔，万丈火焰正在升腾，似有还无的美妙音乐飘荡在空中。乐僔和尚被这奇景惊住了，这不就是他要寻找的西方极乐世界吗？为什么他能够看到这奇异的景象？这分明是佛的旨意。他就遵从佛的旨意，在这里开凿洞窟，化缘造佛。敦煌莫高窟的佛教艺术就这样开始了。

以后不久，又有和尚法良，也在莫高窟开窟造像，有碑龛为证。唐代武周圣历元年（698）李克让的《李君莫高窟佛龛碑》（又叫《圣历碑》）和唐代咸通六年（865）莫高窟第156窟的《莫高窟记》记载了这两件事。

遗憾的是，这两位高僧所开凿的洞窟究竟何在，至今难以定论。但是，有一点是确凿无疑的，那就是此后洞窟的开凿，就这样一个一个地延续下去了。

佛教来自印度，经过西域，传入敦煌。因此，初创时期的敦煌石窟艺术是多种艺术风格并存，兼有印度佛教艺术风格、中原佛教艺术风格以及西域佛教艺术风格等。

　　莫高窟现存最早的石窟是由敦煌研究院编号的第 268 窟、272 窟、275 窟，它们位于南区中段第三层，被认为开凿于北凉时期。北凉（397—439）同前秦一样，属于十六国中的一个少数民族政权，其太祖沮渠蒙逊笃信佛教，曾在其统治境内大兴佛事，开凿石窟，使之成为当时的一个佛教中心。

　　敦煌"北凉三窟"中的第 268 窟有《交脚弥勒佛》（1-1），这身弥勒佛造像两脚交叉垂在座前，形体消瘦。卷式发髻，面部长方，弯眉细眼，大耳垂肩，微笑慈祥。身披右袒红色袈裟，带有明显的印度风格。

　　敦煌北凉第 275 窟的《交脚弥勒菩萨》（1-2），头戴化佛宝珠冠，项胸饰以璎珞，双目有神，鼻梁高隆，面相庄严，上身半裸，下着短裙，双脚坐于双狮座上，衣纹生动，是典型的犍陀罗艺术风格的佛像。

　　什么是犍陀罗艺术风格呢？就是古希腊罗马风格。也许人们会问，古希腊罗马距离敦煌万水千山，怎么会影响到敦煌的艺术呢？事情是这样的：公元前 327 年，亚历山大大帝率领希腊—马其顿军队东征，占领了犍陀罗，于是，古希腊罗马的造像技术就传到了犍陀罗。犍陀罗主要在今巴基斯坦境内。后来，公元前 325 年，随着亚历山大大帝退兵，笃信佛教的印度阿育王扩张，占领了犍陀罗，佛教随之传入了犍陀罗，于是，犍陀罗就用古希腊罗马的造像技术创造佛像。体态健硕、鼻子修长、头发卷曲、衣纹生动，这种风格的佛像就叫作"犍陀罗艺术"。后来，随着印度佛教传入中国，这种造像技术也就传入了敦煌。

　　敦煌壁画人物还带有印度艺术风格的影响。北凉第 272 窟的胁侍菩萨像（1-3），上身赤裸，面相丰圆。乳房和肚脐夸张突出，腰系长裙，赤足踩大莲花，造型粗犷。具有明显的少女特征，展现了印度艺术风格。

　　在敦煌艺术中，佛像的衣服右袒，也就是人物只穿左袖，露出右臂。这在敦煌早期的雕塑艺术中比比皆是。而右袒是印度和西域的服饰习惯，不是汉族的。

　　洞窟艺术的内容则反映了对佛经的初期理解，表现出忍让、牺牲的悲剧精神。例如第 275 窟的《毗楞竭梨王身受千钉求法》。（1-4）

　　据佛经记载，古代印度有一个国王，名叫毗楞竭梨。这位国王信奉佛教，一心希望听到高妙的佛法。于是他向全国宣布诏令："不管是谁向我讲经说法，我都满

足他的一切要求。"

　　一天，一个叫劳度叉的婆罗门教徒来到王宫门前，对守门士兵说："我懂高深的佛法，你快向陛下禀告去吧！"国王非常高兴，走出宫门，亲自把劳度叉迎到宫殿，并设高座。此时，劳度叉却说："我长年累月地学习佛法，费了不少心思。陛下您怎么可以不费一点心力就白白听到这些高深的佛法？您若想听，就答应我的一个要求。"国王痛快地答应道："我曾向全国宣布诏令说，会满足宣法人的一切要求，自然不会食言。你有什么要求就尽管说吧！"

　　于是劳度叉说："我只有一个要求，那就是在你的身上钉一千个铁钉。"劳度叉说完，斜眼看着国王，等待国王拒绝，好羞辱国王一番。不料国王听后当即慷慨答应，并派遣使者普告天下：七天之后，毗楞竭梨王将如约在身上钉一千个铁钉。臣民百姓听到此事后，纷纷云集宫门，苦苦哀求国王不要将自己置于险地。毗楞竭梨说："我在过去无数世中，为了众生，牺牲过无数次，但这些都不是为求佛法。只有这次身钉千钉是为了求得佛道。我成佛后，可以帮助你们脱离苦海。你们就不要再劝阻我了。"七天后，劳度叉为国王宣讲了佛法颂词。国王就让侍从在自己身上钉一千个铁钉。侍从看到国王血肉模糊，哀恸难忍。钉了一个又一个钉子，而国王却始终面带微笑。所有臣民百姓见状，都以身投地，号啕痛哭，哭声震动了诸天神。帝释天飘然降到毗楞竭梨王面前，问道："大王为求佛法，忍受如此剧痛，钉坏了身体，不后悔吗？"毗楞竭梨王正色道："我身钉千钉，只为求佛道，毫不后悔。"帝释天又问："我见你疼痛得都坐不直了，你却说不后悔。你怎么证明你没有后悔？"于是毗楞竭梨王发誓说："如果我至诚无二，毫不后悔，就让我钉坏的身体马上愈合吧！"话音刚落，他的身体就恢复如故了。

　　北凉之后是北魏（386—534）。虽有太武帝 446 年"灭佛"，但很快又有文成

帝复法，全国佛事重兴。特别是北魏灭北凉，曾经俘获凉州僧徒 3 000 余人并迁至平成（今山西大同市），对北魏佛教艺术的发展起着重要的作用，云冈石窟就是这时候开凿的。公元 445 年，北魏设立敦煌镇，控制着河西走廊与丝绸之路，这时，敦煌已经成为中原与西域交往的重镇。

北魏时期，无论彩塑还是壁画，都在外来艺术与华夏中原艺术相结合的道路上，取得了重要的成就，北魏的石窟艺术因而与北凉形成了较大的差异。

北魏第 259 窟的禅定像（15），身披红色阴刻线纹的通肩袈裟，给人以薄纱透体之感。双腿盘坐，两手相握，自然收在腹前。高髻披发，脖颈细长，两耳垂肩。头微微下倾，目光下视，细眉小眼，薄唇微闭，嘴角自然上翘，露出一丝微笑。这是发自内心的微笑，平静的面部表情体现了平静的内心世界。

此时人物造型在外来艺术的基础上逐渐改变。在第 251 窟、254 窟中，人物的结

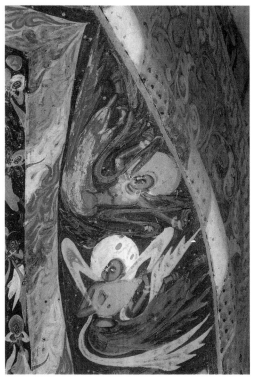

构和比例较多地保持着西域的技法，晕染方法是按照人体结构，分解成一定的块面分别进行晕染，从而通过色彩的晕染表现出人的立体感。但是，在第 257 窟中，人物的身体拉长，那飘逸的动态和流畅的线条，前所未有。（1-6）

第 257 窟的两身飞天（1-7），上面的飞天扬起两手，身体似乎下落；下面的飞天，一边弹奏琵琶，一边仰头，身体似乎悠然升起。两身飞天，一上一下，尽管身体依然僵直，却给人以飞动的美感。加上其他飞天，衣裙飞舞，飘带凌空，给人以满壁飞动的感觉。

西魏（535—556）的彩塑进一步接受中原艺术的影响，人物形象最显著的特征，一是秀骨清像，二是褒衣博带。所谓秀骨清像，就是人物面容清秀，身体瘦削。所谓褒衣博带，就是袈裟下垂，露出里面的僧祇支，而内衣有打结的带饰，这就叫作褒衣博带式的佛衣。褒衣博带不见于佛经，是魏晋时代人们的衣饰，因此，这里褒衣博带实际上指的是穿着中原服装的佛像，表明中原艺术的影响作用。

第 285 窟的禅僧塑像（1-8），面部清秀，身体瘦削，衣饰繁多。通过线描的变化来表现人体肌肤和衣服、装饰物等的质感，特别是眼、眉、唇的特征表现细腻，菩萨面含微笑，眼眸有神，嘴唇欲张未开，人物情态呼之欲出。

西魏敦煌洞窟艺术的重要发展是山水画的萌芽。

西魏的山水画，技法尚不成熟。张彦远在《历代名画记》中指出西魏山水技法的四大缺陷，他说："魏晋以降，名迹在人间者，皆见之矣。其画山水，则群峰之势，若钿饰犀栉，或水不容泛，或人大于山，率皆附以

树石，映带其地。列植之状，则若伸臂布指。"

意思是说，魏晋以来，著名的绘画作品，画面上山水的技法缺陷大约有四点：

第一，画山峰不像山峰，就像金片做的首饰，犀牛角做的梳子一样。

第二，画水没有波浪、水纹、细流，这样的水没有浮动之感。

第三，人与山比较，本来应当人小于山，结果却出现人大于山。那时的画家还不懂空间透视关系，不懂得远小近大的道理。而且中国古代绘画的表现方法，不是按照看起来的样子去表现，而是按照知道的样子去表现。重要的事物就大些，次要的事物就小些。那时人们认为，人比山更重要，所以人大于山。

第四，画一棵树，树干就像伸直的手臂，枝叶就像张开的五指那样。

莫高窟第249窟的壁画《狩猎图》(1-9)是西魏山水画的典型代表。

这幅壁画主要表现的对象是人的狩猎活动，猎人以及飞奔的骏马、猛虎、黄羊等是画面的主角，所谓山水，仅仅是人物和动物活动的背景，是画面的配角，不是独立的审美对象。这幅壁画证明了魏晋时期山水画技法的缺陷。

在画面最下方，直上直下的好像金字塔那样的东西，就是山，就像古人高高耸起的头饰。这就是张彦远所说的"群峰之势，若钿饰犀栉"；虽然这幅壁画没有画船，但是我们相信有水。因为虽然不能看到波浪、水纹、细流，但画面的中间有大量的鱼。我们看不到水，只能够想象到水。这就是张彦远所说的"水不容泛"；

在画面左下方，有一个骑马的人，拉弓射箭，好像要射一只老虎。右侧一人，骑着飞奔的骏马，追逐一群黄羊。很明显，画中的两个人都比山大，马和黄羊也比山更大。这就是张彦远所说的"人大于山"；在画面的左中，在三只黄羊旁边，有两株树。其中左侧的一株树，树干就好像伸直的手臂，另外一株树，树干就像一座山。那树的枝叶，就像仙人球上的刺。如果我们不细细端详，甚至会以为那是一株仙人球。这就是张彦远所说的"列植之状，则若伸臂布指"。

总而言之，如张彦远所说，魏晋山水画技法的缺陷，确实是存在的。

山水画的技法虽然幼稚，但意义重大。人们说，中国绘画，山水为上；山水绘画，水墨为上。不懂得山水画，就不懂得中国绘画。可以说，敦煌壁画为中国山水画的发展奠定了基础。

假如我们把敦煌石窟艺术的发展比作一条河流，那么，西魏的石窟艺术就是这条河流中的第一个小小波峰。一种新的艺术风格呼之欲出了。

接下来是北周时期（557—581）。北周短短 20 余年，修造的石窟不仅数量多，而且规模大。虽然北周建德三年（574）宇文邕下令灭佛，毁掉了一些寺庙和佛塔，但是，莫高窟开窟造像没有受到很大的影响，仍在继续发展。首先，壁画的内容更加丰富，出现了经变画；其次，彩塑出现了一佛二弟子二菩萨的组合；再次，画面构图更丰富，出现了长达 80 个场景的故事画面；最后，世俗化的画面开始进入佛教世界，石窟艺术中有了越来越多的生活气息。

所谓世俗化，就是真实地表现人物的个性特征。其中最杰出的形象就是对释迦牟尼的两个弟子迦叶和阿难形象的塑造。迦叶是最年长的弟子，在不同洞窟中的形象也不完全相同。敦煌第 439 窟的迦叶像（1-10），身体瘦削，胸部肋骨突显，额头布满皱纹，苍老的面容中含着笑意。第 297 窟的迦叶像（1-11）则高鼻深目，眼睛较大，且有胡须。

从莫高窟第 428 窟的菩萨像（1-12）中，我们能够看到，虽经岁月的消磨，西域风格依然在影响着敦煌石窟的艺术风格，只不过不同于以前的西域风格而已。此中菩萨，面相丰圆，身体短壮，上身半裸，下着长裙，斜披天衣，披巾缠绕双肩，自然下垂，头戴西域式花冠，表情严肃。特别是晕染的运用——晕染是表现人物立体

感的重要技法，叫"五白"晕染法，即白鼻、白眼、白连眉、白齿、白下颌，使面部的刻画更加细致，形象更加突出生动。

以上是莫高窟石窟艺术的初创期。这个时期总的特点是引入和融合。就是把印度佛教艺术、西域佛教艺术和中原佛教艺术引入敦煌石窟，并逐渐使其融合，为今后的发展奠定基础。

敦煌莫高窟佛教艺术的繁荣

本来，敦煌本地就有着深厚的文化积淀，这种文化，是在长期的儒家思想的熏陶下成长起来的，因此，任何外来文化的冲击，都不可能完全改变本土的文化积淀。西魏以后，由于北魏孝文帝的改革，以龙门石窟为中心的佛教艺术传入敦煌，艺术家把中原文化与西域文化巧妙地结合起来，光辉灿烂的敦煌石窟艺术的繁荣，终于到来了。

隋代（581—618）迎来了敦煌石窟艺术的繁荣期。虽然隋代只有短短的 37 年，但是，莫高窟新建洞窟 100 多个，并且重修了以前的不少洞窟，可谓冠绝千古。其中著名的有第 303 窟、420 窟、427 窟、419 窟、276 窟等。

隋文帝笃信佛教，他从小在寺庙长大，对佛教有特殊的情感。文帝下令各州县建塔立寺，供奉舍利，听任国民出家，要求官府保护寺庙。在隋文帝统治的 23 年间，估计有 23 万人出家。

隋炀帝杨广西巡张掖，主持 27 国交易会，并召见各国代表，足见当时丝绸之路上经济与文化的繁荣。与经济繁荣相适应，佛教艺术也出现了大繁荣的景象。

隋代政治的统一给佛教石窟艺术带来了南北艺术风格的融合与创新。如果说，初创期注重人物外形的表现，那么，繁荣期的变化就在于注重人物内心世界的表现。如果说，初创期注重人物的共性，那么，繁荣期的变化就在于注重人物个性的表现。

这个时期艺术风格的创新表现在：第一，在造型上追求世俗化。北朝时期，由

于印度和西域艺术风格的影响，人物古朴浑厚，粗犷庄重，带有北方少数民族的气质，头部圆中带方，棱角分明，额宽扁平，身躯宽厚，短颈粗体。从隋代开始，人物的形象逐渐变化，更像中原的汉人，虽然这个变化还不彻底，留有北方少数民族的痕迹。人物头部与身躯合乎比例，身躯逐渐丰腴，动态潇洒自然，衣纹更加畅美圆润。第二，在外貌上追求表情化。在人物外形转变的同时，通过形貌表现隐藏在内心深处的情感，表现他们超凡脱俗的平静之心，因而使佛尊具有了生命。第三，在性格上追求个性化。佛的形象不再是千篇一律的佛教经典的符号，而是活生生的、有个性的、世俗的人。

隋代的壁画人物像，庄重、典雅而含蓄。第276窟的维摩诘（1-13），正在与文殊菩萨辩论，维摩诘站于佛龛北侧，手持麈尾，面向文殊菩萨，嘴唇微启，似乎正在说话。

佛龛南侧是文殊菩萨（1-14），站在莲台之上，双手上扬，似乎正在激烈地争辩。人物形象生动传神，达到了气韵生动的效果。

对于山水河流的表现，也有显著的进步。从第419窟的壁画中的山水树木（1-15），

可以明显地看出，"人大于山"已经不复存在，画中的人物、树木越来越符合实际。写实成为山水画的发展趋势。

唐代是佛教发展的高峰。由于唐代是中国封建社会发展的高峰，不但有容纳万物、气吞宇宙的精神状态，而且有几百年艺术经验的积累，于是迎来了莫高窟艺术发展的高峰。

唐代作为莫高窟艺术发展高峰的标志有：第一，创建大型石窟和大型佛像，极其壮丽雄伟。第二，艺术风格雍容华贵。表现为造型丰满圆润，弯眉修目，衣饰华丽，神情庄重。特别是唐代的彩塑菩萨，最能够代表莫高窟彩塑繁荣期的艺术风格——发髻高耸，胸肌隆起，腰身修长，柳眉入鬓，俊目微启，神情温婉，就是唐代雍容华贵的贵妇形象。第三，唐代彩塑人物造型已经完全实现了中国化、个性化、世俗化。

唐代的敦煌石窟艺术，以中原艺术风格为主体，汲取了异域艺术风格的积极因素，形成了崭新的、中国化的敦煌石窟艺术风格。

中国化的敦煌石窟艺术风格最显著的特点就是世俗化代替了神圣化。

　　唐代彩塑的匠师们在相当大的程度上突破了佛教造像的清规戒律，他们以汉族现实生活为基础，大胆地以伎女、胡商、贵妇、武将、帝王、大臣、梵僧、尼姑等现实人物为基础，加以艺术概括、提炼、想象、夸张，塑造成莫高窟里的众多佛教形象。如果说，隋代洞窟中佛教形象的个性化与世俗化还是初步的，只是比较北朝有了长足的进步，那么，唐代洞窟中的佛教形象的世俗化与个性化就是彻底的，既是前无古人的，也是后无来者的。

　　唐代的菩萨形象，基础就是生活中美丽的少女。这个时代的所谓菩萨像，只不过是披着佛教外衣的世俗少女的形象。在佛教外衣之下，流淌着世俗人的热血，跳动着世俗人的心脏，梦想着世俗人的理想，甚至还有世俗人的外貌和个性。只不过在敦煌石窟中它们都被理想化了。

　　画家张大千，于 1941 年春末，由成都先乘飞机，再乘汽车，再乘骡车，最后骑马，终于到了敦煌。当晚刚刚住下，他就迫不及待地带着手电筒、蜡烛进了石窟。只见正面墙上，有一个彩绘侍女，亭亭玉立，面部丰满，眉清目秀，服饰的线条柔和而有力，栩栩如生。张大千反复观察，赞叹不已，久久不愿离去。

　　张大千说："人物画到了盛唐，可以说已达到了至精至美的完美境界。敦煌佛洞中有不少女体菩萨，虽然明知是壁画，但仍然可以使你怦然心动。"

　　世俗化必然带来个性化。因为世俗人都有不同的个性。本来，天女是渺渺佛国世界的人物，但是，这个时期敦煌壁画中的天女，绝不是毫无世俗情感的符号，而是世俗个性的表现。你看，那些天女，变化多姿，竟无一重复。有立有坐，婀娜多姿。或神情专注，听佛说法；或窃窃私语，目光流盼；或手舞足蹈，欢喜无限。就像世间美丽的少女，喜悦、沉思、流盼，一举手一投足，风情万种。

　　初唐到盛唐时期石窟艺术中的彩塑，特别是第 45 窟、205 窟和 328 窟的，可谓达到了极致。

　　第 328 窟的彩塑（1-16）为唐代原作，具有极高的艺术价值。洞窟展现了一佛二弟子二菩萨和四身供养菩萨。在佛两侧的胁侍菩萨是坐姿，除此之外，还有胡跪式的供养菩萨，这都是盛唐出现的新形式。

　　释迦牟尼结跏趺坐于莲花宝座上，内着绿色长袍，外披袈裟，右手平举，掌心

向外，施无畏印，左手抚膝。佛像造型丰润，神情威严而端庄，两眼俯视，给人一种亲切感。随着佛陀手臂的动态，袈裟褶纹疏密有致，极富韵律。为了把佛的神圣与庄严表现得更加完美，在佛背后加饰圆形图案，表示头光、背光，象征佛的光明。

在佛像两侧是佛的两位弟子迦叶和阿难。左侧为迦叶（1-17），他是释迦牟尼十大弟子之首，被称为"头陀第一"。身着袈裟，端严直立，双手合十，双眉紧锁，表现出一位老年高僧庄严虔敬的神情。迦叶阅历丰富，老成持重，具有哲理深思的精神内涵。

右侧为阿难像（1-18）。阿难是释迦牟尼佛的堂弟，19 岁皈依佛门，侍佛 25 年，多闻佛法，长于记忆，被称为"多闻第一"。此身阿难像身躯微斜，两手笼于袖内，昂首侍立，面貌丰润，双目微睁，似在出神聆听。

弟子两侧为两身胁侍菩萨像（1-19），足踏莲花，一腿盘于莲座之上，一腿自然

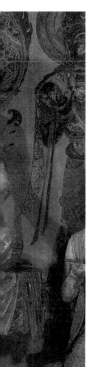

从左到右依次：
1-17 莫高窟第 328 窟　迦叶像
1-18 莫高窟第 328 窟　阿难像
1-19 莫高窟第 328 窟　胁侍菩萨像
1-20 莫高窟第 328 窟　胡跪式供养菩萨像
1-21 莫高窟第 328 窟　被盗走的胡跪式供养菩萨像

下垂，做闲适的游戏坐。其发髻高耸，面相丰腴，双手纤巧，胸饰璎珞，腰围锦裙。对菩萨身形线条的塑造精准而富有质感，栩栩如生。

　　供养菩萨现为三身，均体态修长，璎珞长垂，胡跪于莲台，气质端庄典雅，造型严谨细致（1-20）。龛内南侧的一身供养菩萨（1-21），在 1924 年被美国人华尔纳盗走，现存于美国哈佛大学赛克勒博物馆。

　　下面，我们欣赏莫高窟繁盛时代的壁画。唐代是中国人物画发展的高峰，第 103 窟的维摩诘像（1-22）和文殊菩萨像（1-23）可谓典范。

　　图中维摩诘踞坐于床帐之中，手持麈尾，身体微微前倾，双眉凝结，目光炯炯，须发奋张，意态潇洒，毫无病容，嘴唇微张，宛如一位充满智慧的老者，正扬眉启唇向文殊菩萨发出逼人的诘难。自然流畅的衣褶，神采奕奕的面颊，把一位学识渊博、经论高深的居士，生动地表现了出来。

与维摩诘相对的文殊菩萨则神情安详，右手持如意，左手伸出二指，表现出从容对谈的姿态。胸有成竹，安静沉稳，是文殊菩萨的性格。文殊身后的弟子，或交头接耳，或若有所思，或迷惑不解，都是听众对这场非同寻常的辩论的不同反应，显示出创作者为烘托主题所做的努力。

维摩诘像显示的强烈外张力量，与文殊菩萨像显示的安静从容，形成了鲜明的对照。

我们在隋代与唐代的壁画欣赏中，都说明了维摩诘与文殊菩萨的壁画形象，其目的就是使我们能够更好地领会不同时代绘画的变化。

敦煌莫高窟石窟艺术的衰败　　从五代、北宋、西夏、元一直到清代，大约相当于公元 10 世纪初到 20 世纪初，将近 1 000 年，就是敦煌莫高窟艺术的衰败期。衰败的标志是：第一，石窟的数量减少，往往只是在前代的窟中重塑、改塑；第二，艺术风格的程式化。由于情感的匮乏，思想的贫瘠，技巧的守旧，作品缺少个性，缺少创新，神情呆板，坠入程式化。总之，这个阶段的敦煌石窟彩塑，真可谓江河日下，日暮途穷，最后终于彻底没落了。

人们对于艺术的衰败，总是难以理解。艺术经过几百年的发展，终于完善了、成熟了，情感强烈了、感人了，具有了强大的艺术魅力，那么，画工们就如此这般地创作下去，欣赏者就如此这般地欣赏下去，不是很好吗？为什么会衰败呢？

要了解艺术为什么衰败，首先要了解艺术为什么兴盛。敦煌莫高窟艺术的兴盛与衰败，与丝绸之路密切相关。

敦，大也。煌，盛也。敦煌，就是又大又繁盛的地方。也许你会问，敦煌，在沙漠中的一个小小的绿洲，怎么会是又大又繁盛的地方呢？

事情是这样的，汉武帝打败了匈奴，在河西地区设立了四郡：武威、酒泉、张掖、敦煌。那个时代，敦煌确实是一个又大又繁盛的地方。因为敦煌是联系中原与西域的枢纽。

敦煌的地理位置十分重要。北边是蒙古高原的荒漠地带，南边是高高的祁连山和青藏高原，在它们之间的狭长地带就是河西走廊。在这个走廊上，祁连山的雪水灌溉了一连串的绿洲，人口众多，物产丰富。河西走廊往东走，就是中原，到达长安、洛阳。往西走，就是西域。所以，狭窄的河西走廊地带，就成为中国和西方交往的必经地段。这条道路，东边从洛阳起，经过长安，到敦煌，再往西到西域，到中亚、西亚乃至到欧洲，就叫作丝绸之路。敦煌是丝绸之路上的必经之地，是一个很重要的关口，是中原通往西域的门户。

唐代的敦煌，那真是繁荣。唐代的敦煌景象壮观异常："峥嵘翠阁，张鹰翅而腾飞；栏槛雕楹，接重轩而璨烂。"那时的敦煌，就像今天的深圳、广州，汇集着各种人。中原人、胡人（当时对西域各国人的总称），他们说着各种语言，做买卖、搞交流。敦煌是中国对外交流的窗口。

在丝绸之路上的商人，为了保佑自己平安，就在莫高窟开窟造像。你开一个，我开一个。这样，敦煌的佛教艺术就大大地繁荣起来了。

修建洞窟是源于对佛教的信仰，所以修窟的人不单单是商人，还有僧侣、皇室贵族、达官显要以及平民百姓，甚至还有生活在社会最底层的妓女。钱多的人就开一个大窟，钱少的人就开一个小窟，没有钱的穷人就给有钱人出力，合作造一个窟。这样，无论是富人还是穷人，都参加到开窟造像之中。正是有了丝绸之路，才有了繁盛的敦煌及其佛教艺术。

但是，安史之乱后，丝绸之路衰败了。

唐中期以前，中国的经济中心在北方。安史之乱以后，特别到了宋代，中国的经济中心到了南方，海上的丝绸之路部分代替了陆上的丝绸之路。随着陆上丝绸之路的衰落，敦煌也就衰落了。

唐代以前，中国的输出产品多为丝绸，陆上丝绸之路运输丝绸是方便的，而从宋代开始，中国的出口产品多为瓷器，海上丝绸之路对出口瓷器更安全方便。

此外，我国造船业和航海技术的发展直接促成了海上丝绸之路的发展和陆上丝绸之路的衰落。

这时的敦煌已经不再是中原与西域文化交流和贸易交流的中心，因而敦煌石窟艺术也就失去了辉煌。

中国封建社会繁盛与衰落的分水岭是"安史之乱"。在"安史之乱"前，中国封建社会向上发展；"安史之乱"后，中国封建社会向下发展。与此相适应，在"安史之乱"前，敦煌石窟艺术向上发展；在"安史之乱"后，敦煌石窟艺术向下发展。

元代，敦煌石窟艺术繁荣不再。

蒙古族兴起，与敦煌的统治者例如西夏、吐蕃、回鹘、汉族等争战不断，到1227年，敦煌被蒙古人占领，并且遭到屠城的报复。这是敦煌石窟艺术没落的标志。当然，这里所说的没落，是相对于繁荣而言，不是灭亡。因为蒙古人同样笃信佛教。在元代，敦煌石窟的开凿没有停止。据统计，元代仍然修窟约 30 个，只是洞窟中壁画的题材散，艺术感染力不足。

公元 1368 年，明朝建立政权。1372 年，明将冯胜、蓝玉到达敦煌。为了防止蒙古人东进，建立了嘉峪关。实际上是以嘉峪关为界，嘉峪关以外为游牧民族统治。而敦煌就在嘉峪关以外，于是把敦煌人迁入关内。敦煌莫高窟孤悬于关外，长期无人管理。清代曾经一度对莫高窟重修和增补，但技艺低劣，准确地说，那是破坏，而不是发展。

最后，还有一个不容忽视的原因，那就是地理环境的变化，即荒漠逐渐掩盖了绿洲。

种种因素之下，渐渐地，人们忘却了敦煌。

人们何时又记起了被黄沙掩埋的敦煌石窟艺术？那始于藏经洞的发现。

百年血泪

藏经洞

明代，漫漫的黄沙掩埋了莫高窟，人们忘却了莫高窟。

清代，虽然有少数人到了敦煌，但那时的敦煌，一片荒漠，没有引起人们的注视。

人们再次注视敦煌莫高窟艺术，始于藏经洞的发现。

敦煌莫高窟艺术，就像蚌壳中的珍珠，那异彩的光芒让世人惊讶。然而，正如珍珠的发现会给蚌带来痛苦，敦煌的发现过程也充满了痛苦的泪水和屈辱。

藏经洞的发现　　　　　　　　1900 年，发生了两件大事。在中国的东部，八国联军侵入北京，肆意蹂躏抢掠，太后与皇帝连夜弃京逃跑。

在中国的西部，默默无闻的茫茫沙漠中，震惊世界的藏经洞被发现了。莫高窟第 17 窟俗称藏经洞（2-1）。提起藏经洞，总是要说到一个道士，这个道士叫王圆箓。

藏经洞是怎样发现的？有三种不同的说法。

第一种说法是，王圆箓于 1931 年去世百日之后，他的徒子徒孙在其墓上立了一块碑。碑上说，王圆箓到了敦煌以后，黄沙已经掩埋了洞窟，于是他苦口婆心地劝募，请人清理洞穴中的积沙。有一天，"沙出，壁裂一孔，仿佛有光。破壁，则有小洞豁然开朗，内藏唐经万卷、古物多名。见者惊为奇观，闻者传为神物。此光绪二十五年（1899）五月二十五日事也"。

墓碑说法的可靠性令人生疑。墓碑是王圆箓死后百日立的，距藏经洞的发现已经 30 多年了。发现藏经洞时，王圆箓还没有收这些徒子徒孙。也就是说，藏经洞的发现不是王圆箓徒子徒孙的亲历。

本来，王圆箓弟子的说法应当最为可靠，却因过于离奇而最受质疑。

第二种说法来自王圆箓自己的讲述。他四处游方，到了敦煌，看到千佛洞万万佛像，破败不堪，他一心向佛，决心募化，清理积沙，再塑金身。就是这种赤诚，感动了上苍。在 1900 年 5 月 26 日的清晨，"忽有天炮响震，忽然山裂一缝"，用锄头挖之，就是藏经洞，那是上天感念他对神佛的赤诚所给予的回报。

王道士的讲述，好像一个神奇的故事，其目的无非是给自己披上一件神圣的外衣。

　　第三种说法流传最广，也较为传奇。1900 年 5 月 26 日，王道士雇了一个姓杨的抄经人。由于气候比较炎热，就把桌案搬进了凉爽的第 16 号洞窟内。这位抄经人为了提神醒脑，常常吸旱烟。那个时候点旱烟用的是芨芨草秆，如果没用完，就插进墙缝里留着下次再用。有一次，他又把草秆插到墙缝中，那长长的草秆竟然全部插进去了。用手一敲，墙壁里面是空空的声音，他连忙把这事告诉了王道士。两人一起铲开墙皮，发现一个用泥土封砌的小门。小门里是一座小石窟。震惊世界的藏经洞就这样被发现了。

　　这个传奇故事虽然流传甚广，但没有旁证，也只能姑妄言之，姑妄听之。

　　总之，那是一个值得纪念的日子，一个封存近千年的神秘洞窟被发现了！

藏经洞的来由　　　　　　　藏经洞其实是敦煌莫高窟第 16 窟的侧室，原来是高僧洪辩的纪念室。洪辩是一名晚唐高僧，俗姓吴，也叫吴和尚。他研读佛经，兼习番语藏文，是一位佛经翻译家。他去世之后，这个侧室变成了他的纪念堂。在这个纪念堂中，有洪辩的塑像。这位在禅床上端坐着的高僧（2-2），身穿袈裟，结跏趺坐，眉头略蹙，若有所思。塑像生动写实，很有些神圣的情感。在塑像的后面，有一幅壁画，画了两棵树叶交接的菩提树，树上悬挂着净水瓶和布袋，菩提树东侧有一个持扇的比丘尼，西侧有一个执杖、持巾的侍女。（2-3）她们谨小慎微地与高僧一起，默默地守护着藏经洞数百年。

为什么在这个石窟中，存放着这么多价值连城的艺术珍品呢？也许，这是一个永恒的秘密。人们只能做一些猜测，主要有如下几种说法。

第一种：避难说。认为僧人们为了躲避战乱，把最宝贵的经卷、图画藏在洞窟中，又将洞窟封闭。战乱过去之后，由于藏经的僧人或死于战火，或流落他方，这个藏经洞就变成了永恒的秘密。

避难说最大的漏洞在于：最宝贵的经卷，比如，敦煌莫高窟曾经向朝廷乞求到一部金银字《大藏经》，还有锦帙包裹、金字题头的《大般若经》，并不在藏经洞中，相反，许多残经破卷、作废文书、过时契约，乃至抄经人写的打油诗等，却在洞中。

第二种：废弃说。认为藏经洞是存放废弃物的地方。这里所说的废弃物，

不是垃圾，而是神圣的经卷。这些经卷的残片是圣洁之物，不能随便丢弃，于是，就把它们藏到一个洞中。

这种说法最大的漏洞在于藏经洞中并不都是废弃的经卷，还有十分精美的佛画。

第三种：综合说。避难说与废弃说都有不能解释的事实，于是就有了综合说问世。比如，先废弃，后避难。起先堆放废弃物，后来由于战乱，又堆放一些精美的经卷和绢画。或者，先避难，后废弃。由于战乱，来不及细细清点，于是，精品与废弃物一同放置在藏经洞内。

藏经洞的文献　　这座只有 3 平方米的小石室，藏有从 4 世纪到 11 世纪，历经 700 年的 5 万卷经书（24），还有上千幅精美的图画。

这些古代佛教文献，涵盖了当时的政治、经济、军事、天文、地理、文学、艺术、医药、科技、习俗等领域，可以说，这里藏着中国"中古时代的百科全书"，它是"古代学术的海洋""震惊世界的艺术宝库"，具有极高的学术价值。

藏经洞的发现，从时间上说，是在一个动乱的年代；从地区上说，是在一个偏远的地区；从管理上说，王道士是一个半文盲。因此，藏经洞文献的流失就有很大的必然性了。

围绕着藏经洞，上演了一幕幕惊心动魄的戏剧。我们看到了人性的善良，也看到了人性的险恶。我国著名学者陈寅恪做了极好的概括，他说："敦煌者，吾国学术之伤心史也。其发见之佳品，不流入于异国，即秘藏于私家。兹国有之八千余轴，盖当时唾弃之剩余，精华已去，糟粕空存，则此残篇故纸，未必实有系于学术之轻重者在。"

藏经洞文献的流失

王道士发现了藏经洞，他是一个无知无识的小人物，不懂得大公无私和爱国主义。一个不幸的年代，一个不幸的国家，选择了这样一个人掌管着具有世界意义的艺术宝库。

王道士认为最要紧的事，不是去报告官府，不是去告诉别人，而是自己把藏经洞翻检一遍。一个外国人在关于藏经洞的书中写道："据道士承认，在藏经洞被发现的时候，曾被腾空过，目的是寻找值钱的东西。"

既然藏经洞里面没有金银财宝，这些经卷是不是能够变成钱财，就是王道士所关心的问题了。他首先考虑是不是有敦煌的士绅愿意购买，于是请了敦煌的士绅来参观。结果那些士绅不去辨识这些文献的价值，只是说这是神物，不可亵渎，告诫王道士封好藏经洞。

然后，王道士报告官府，希望得到一些赏赐。大约在藏经洞发现两年之后，也就是1902年，他向敦煌县府报告了消息。王道士报官的方式也很特别，他搬了两箱经卷，以及绢画拓片，送给敦煌知县汪宗翰，就算是报告了官府。这样，怎样对待藏经洞的文献，就是敦煌县必须回答的问题。

汪宗翰看到了这些经卷，就带着官员到了藏经洞。可以说，汪宗翰是第一个到达藏经洞的官员。他把藏经洞的经卷翻阅一遍，不十分看重，官员们喜欢的，就拿走一二卷，不喜欢的就不拿。汪宗翰最感兴趣的是唐代的佛炉，给王道士的指示是四个字：善为保存。

汪宗翰原在北京当官，一路被贬到敦煌，在此荒凉之地当了一个小小的知县。他最关心的事就是怎样迅速离开敦煌。现在机会来了，因为他的上司是著名的金石学家，即甘肃学政叶昌炽，他喜欢古代的经卷。于是，1903年，汪宗翰就把王道士送他的那两箱藏经洞的经卷送给了叶昌炽。

叶昌炽可以说是接触藏经洞文物的第一个专家。他建议甘肃藩台给敦煌知县指示：就地妥为保存。1904年3月，甘肃藩台下令敦煌知县汪宗翰清点藏经洞文物，妥为封存。于是1904年，汪宗翰又一次来到藏经洞，把文献检点一遍，然后封存，并命令王道士负责保管。王道士给藏经洞安装了一扇粗糙的木门，上了一把大锁。

叶昌炽得到了敦煌藏经洞精美的经卷以后，发现藏经洞的消息逐渐地流传开来，于是，官员们也都闻讯索取。藏经洞的文献在甘肃省内不断地流失。叶昌炽的日记中记载，甘肃官员"所得皆不少"。

而随着汪宗翰给甘肃省官员频频送藏经洞的文献，其调离敦煌县的目的也就得以实现。

发现藏经洞的消息传开后，频繁出没在我国西部的外国"探险家"们，也纷纷闻讯而来。第一个来到藏经洞，并且获得大量藏经洞文献的是英国人斯坦因。

斯坦因相信从印度到中国新疆的路上，一定有许多古代文物保留下来。因此，他常年活动在印度和中国新疆地区。

斯坦因听说了发现藏经洞的消息，立即感到这是一个非常有价值的信息，但他两次到敦煌都由于种种原因没能进入藏经洞。斯坦因第三次来到莫高窟时，藏经洞已被王道士用砖砌上。斯坦因知道，这是王道士为了防备他而做的。斯坦因在日记中写道，王道士是一个非常古怪的人，"狡猾机警"。他虽然不知道保管的是什么，但是，由于他对神灵充满了敬畏，别人要接近藏经洞是不容易的。于是，斯坦因叫翻译蒋孝琬（人称蒋师爷）与王道士周旋。

蒋师爷与王道士关系密切之后，对王道士说："斯坦因想看一些经卷。"王道士没有任何反应。蒋师爷又说："斯坦因想捐一笔功德钱，希望允许他看一些经卷。"王道士答应了。蒋师爷又说："斯坦因想捐一笔更大的功德钱，买一些经卷。"王道士立刻焦躁不安，很粗暴地拒绝了蒋孝琬的请求。

王道士希望有钱。但是，对神灵和众怒的敬畏，比金钱更重要。

斯坦因要想达到自己的目的，首先是要解决王道士对神灵的敬畏。他发现，当王道士讲起玄奘来，便激情满怀，两眼放光。有一天，王道士又讲起玄奘时，恰好有一幅表现玄奘取经的壁画就在眼前。王道士对壁画中的故事进行了热情讲解。斯坦因说，自己最崇拜的人就是玄奘，"我为什么从印度到中国来？就是循着玄奘的足迹，翻过大山，渡过大河。历经千辛万苦，就是为了表示对玄奘的崇敬"。

这些话打动了王道士。就在这天夜里，王道士终于给了蒋孝琬一小捆经卷，蒋孝琬和斯坦因连夜研究。

第二天蒋孝琬到王道士那里，说："玄奘从印度回来，中国从此有了佛经。但是，印度从此就没有佛经了。佛祖很伤心啊！所以，佛祖叫斯坦因把玄奘取来的经再带回印度去。昨天夜里你给我看的经，不是别人翻译的经，恰恰是玄奘翻译的经，为什么？是神圣的玄奘叫这位虔诚的、来自印度的、玄奘的信徒把佛经带回印度去。"

就是这个荒诞的说法，打动了王道士虔诚的宗教情感，王道士终于为斯坦因打开了藏经洞的大门。

斯坦因是自藏经洞被发现之后，第一个进入藏经洞的外国人。他在藏经洞中看到了许多经卷，用他的话说，经卷堆积"直到窟顶"，那里不但有汉文经卷，还有藏文经卷、梵文经卷和其他少数民族文字的经卷。他最感兴趣的是绢画、纸画、刺绣等。他们把挑选的精品悄悄地搬回斯坦因的帐篷。怕别人发现，这些活动都在夜间进行。他们连续盗宝 7 个晚上，从洞中共运走 24 箱敦煌写本经卷，近万卷；5 大箱绢画（2-5）和丝织品，约 500 幅。

正当斯坦因心花怒放，以为大获全胜的时候，王道士把他挑选的经卷又搬回了藏经洞。王道士是否同意斯坦因把这些经卷运走，只有最后一个障碍，那就是这笔交易怎样才能够避免惹起众怒。王道士提出，这件事只能三个人知道，只要他还活在这个世界上，斯坦因就不得向任何人透露这些经卷和绢画的来源，斯坦因痛快地答应了。他给了王道士 200 两白银。

1907 年 6 月 12 日，斯坦因离开了莫高窟，盗窃的宝物，雇了 40 多头骆驼才

运走。他说，装好箱子的驼队准备出发时，是一个傍晚，满天晚霞，就像一个古老民族的伤口正在流淌着鲜血。

斯坦因盗窃的经卷一部分留在印度，大部分运回英国，留在大英博物馆。

斯坦因在 1914 年 3 月 24 日第二次来到敦煌藏经洞，自信可以从王道士那里得到更多的经卷。王道士首先领着他参观莫高窟下寺的新建筑，告诉他，新建筑就是用他的功德钱建成的。

斯坦因故技重施，经过讨价还价，最后谈妥，500 两银子买 600 件经卷。结果，由于清点时的粗心，少点了 30 卷，变成了 570 卷。加上他前一次所得的藏经洞经卷，共计 20 000 余件。

斯坦因带回的东西震惊了英国，震惊了欧洲。女王召见了他，授予他骑士称号；皇家地理学会授予他"发现者金质奖章"；牛津大学和剑桥大学都授予他名誉博士学位；比利时科学院选举他为名誉院士；德国给予他一笔巨额的奖金。有人说，斯坦因是当代"集学者、探险家、考古学家和地理学家于一身的最伟大的人物"。还有人说，这是"对古老世界的一次最大胆和最冒险的突击"，斯坦因的发现是"前所未有的、考古学上的大发现"，任何一个考古学家都没有做出比斯坦因更惊人的发现。

欧洲也有公正的看法，有人说：假如一个中国人，来到英国，在一个废弃的修道院内发现了中世纪的文书，他贿赂了看门人，把这些文书运到北京去，我们做何感想？

1908 年 2 月 25 日，法国探险家伯希和来到了莫高窟藏经洞。

伯希和在得到王道士的同意后，进入藏经洞，他这样记录当时的心情："我简直被惊呆了。"估计藏经洞中的文献有 15 000 ～ 20 000 卷。他写道："人们从藏经洞淘金的 8 年来，我曾经以为该洞中的藏经已经大大减少。当我置身于洞中，三侧都布满了一人多高，两层，有时是三层的经卷，您可想象我的惊讶。"

当伯希和看到如此多的稀世珍宝，就决定要把藏经洞彻底翻检一遍。他估计，即或是非常粗略地翻检，也需要 6 个月的时间。时间是不允许的，谁知道会发生什么事情呢？他最后用了 3 个星期，以每天 1 000 卷的速度翻看了藏经洞中的每一卷经乃至每一片纸。他根据自己的汉学知识，把所有经卷分为两部分——精品与凡品。精品是准备带走的，但是凡品也不会轻易放过。白天选出精品，到了夜晚就把最有价值的经卷藏在外套中偷偷地带回营地。他带着几分醉意，自豪地说："我敢说，没有我没翻检过的经卷，哪怕是一片碎纸，也是绝对没有的！"

伯希和结束了他在藏经洞中的挑选工作后，就开始与王道士谈判。王道士提出，必须严格保密，天知地知，你知我知，就是给友人的书信中也不能够提到这件事。最后，伯希和给了王道士500两白银，骗走了经卷精品中的6 600卷，绢画200余幅（2-6），还有20余件木雕，丝织品若干，共计10 000余件。他装满10辆车，1908年5月30日离开敦煌。

伯希和对自己对藏经洞的掠夺，一直守口如瓶。直到装船起运回法国，方才惊魂稍定。可见，对于这种掠夺的非法性，他自己是清楚的。

伯希和的收获震惊了整个法国。1909年12月，在巴黎举行了隆重的欢迎伯希和大会。伯希和在会上说：诸位不难想象我当时的心灵受到何等的震撼！我面对的是最了不起的中国手稿大发现，这在远东历史上还是前所未有的！

1908年，当藏经洞的文献大规模地被掠夺之后，北京从外国掠夺者那里知道了藏经洞的消息。

伯希和将掠夺的藏经洞文献运回巴黎国家图书馆，而他自己没有随文物一道返回巴黎，他到中国南方、越南转了一圈，最后，于1908年10月来到北京。伯希和对藏经洞之事仍然秘而不宣，因为盗窃、掠夺毕竟不是一件光彩的事。为了研究敦煌，他随身携带着一些经卷和文献的照片。这时，中国发生了巨大的变化，光绪皇帝和慈禧太后相继去世，举国大丧，谁还能够顾及西北沙漠中一个小小的洞窟呢？在这样的氛围中，伯希和放松了警惕，把其中的一部分藏经洞的精品，炫耀给中国学者。在1909年中秋节这一天，有两位重要的中国学术界权威见到了伯希和。这两位学术界的权威，给藏经洞文献的命运带来了转机，对而后中国敦煌学的研究产生了重要的影响，他们就是罗振玉及其学生王国维。

罗振玉见到伯希和的第四天，就给学部（大约相当于现在的教育部门、文化部门）的朋友写了一封信，说有一件"极可喜、可恨、可悲之事"。为什么可恨呢？

　　藏经洞的文献大半被法国人伯希和所得，并且已经运回法国了。为什么可喜呢？伯希和手中的藏经洞文献，尽管是一小部分，他已经有了传抄件，并且他准备与伯希和商量，让其把所有运回法国的文献都拍照留给中国研究。为什么可悲呢？那就是他还不知道藏经洞中还有没有文献，如果有文献，应当尽快运回北京，如果再叫外国人来掠夺，就更可悲了。

　　不久，北京学者20多人在六国饭店举行欢迎伯希和的盛大宴会，这是一次很重要的宴会，在这次宴会上，学者们所关心的三个问题都得到了解答。第一，知道了伯希和到底拿走了什么文献。伯希和出示了自己留在手中的敦煌文书，这大约是中国学者第一次看到敦煌文书。罗振玉说，当他见到这些经卷和画卷时，"惊喜欲狂，如在梦寐"。第二，知道藏经洞还有文献。伯希和扬扬得意地告诉他们，现在敦煌藏经洞中，还有经卷 8 000 卷。第三，伯希和答应了藏经洞文献可以以照片或抄写的形式留在中国。他说，他是为研究的目的受国家派遣来到中国，获得宝物是偶然的事情，现在宝物已经归法国政府所有，但学问是世界的，因此文献的照片、誊写一定满足大家的愿望。

伯希和的话很重要，可以说是外国人对待其掠夺的藏经洞文献的基本态度。

罗振玉是中国最早的敦煌学家，他见到伯希和不久，于 1909 年 11 月 7 日发表了《敦煌石室书目及发见之原始》，这应当说是中国人关于敦煌石窟的第一篇文章。以后，他对这篇文章加以增补，写成《莫高窟石室秘录》。可以说，罗振玉对敦煌藏经洞文献的研究、保护做出了不可磨灭的贡献。

就在北京学者与伯希和宴会的第二天，他就把这一消息报告了学部。在他的建议下，学部拨款 6 000 两，将敦煌遗书悉数运往北京。

藏经洞文献起运之前，王道士把最好的经卷藏了起来，装在两个大木桶内，然后把桶封好，外面用油漆彩绘，称之为"转经桶"。清朝灭亡，中华民国成立后，王道士打开"转经桶"，拿出了藏匿的经卷，全部卖给了外国人。究竟王道士出卖了多少藏经洞的文献，一直到今天，都是一个谜。

藏经洞文献在运输过程中也遭遇了重大的流失。当藏经洞文献装了 18 箱，6 辆大车，准备运走时，敦煌知县、甘肃省官员，乃至敦煌的士绅，都趁火打劫，巧取豪夺；当运输经卷的大车到达北京后，负责押运的差官，不是首先把经卷运到学部交差，而是干脆把大车赶回家中，用了三天三夜，挑拣最好的经卷数百卷私藏，然后把剩余的经卷拆开，一卷变为多卷充数，最后到达京师图书馆的经卷，名义上是 8 679 卷，但精华已逝；学部官员也监守自盗，鲁迅就在琉璃厂发现了藏经洞文献，他在日记中说在琉璃厂书市，"见寄售敦煌石室所出唐人写经四卷，墨色如新，纸亦不甚渝敝，殆是罗叔蕴辈从学部窃出者"。这里所说的罗叔蕴，就是罗振玉。鲁迅没有说罗振玉而是说"罗叔蕴辈"监守自盗。

怎样评价罗振玉？可以肯定地说，功大于过。他是我国敦煌学的开山鼻祖，从

1909 年初次接触敦煌遗书，一直到 1940 年谢世，数十年间，搜集、整理、编辑出版敦煌遗书，不遗余力。在日本研究敦煌资料时期，"终日足不履地"，为了出版，王国维说："印书之费以巨万计，家无旬月之蓄，而先生安之。自编次校写、选工、监役，下至装潢之款式，纸墨之料量，诸凌杂烦辱之事，为古学人所不屑为者，而先生亲之。"

王国维也是我国敦煌学的开创人之一。他对藏经洞文献做了大量的校勘、训诂、辑佚工作，写出一批有见地的著述，成为敦煌学研究领域前无古人的拓荒者。著名学者陈寅恪说，王国维的研究成果是"吾国近代学术界最重要之产物"。

日本人、俄国人、美国人也参与了对藏经洞文献的掠夺。

大谷光瑞是日本天皇的内弟，一生从事佛教活动。1911 年，他派橘瑞超和吉川小一郎来到敦煌。这时的藏经洞经过斯坦因、伯希和的掠夺，剩下的经卷又运送至北京，按道理说应当是空空如也。但是前文说过，就在藏经洞文献运往北京之前，王道士又一次藏匿了很多经卷，特别是那个"转经桶"。这样，这两个日本人就有了掠夺的余地。

吉川小一郎的日记中写道："晚上九时前后，道士携来唐经四十卷……道士的态度恰似他正在搬运贼娃子的赃物一般。"

王道士带来的四十卷唐经，都是非常宝贵的经卷。他们看到后，嘴上却说，这样不好，那样不好，就像菜市场里挑剔的顾客，一定要逼着王道士再拿出好货色来。王道士无奈，又回去取了四十几卷。吉川小一郎和橘瑞超将这八九十卷经卷全部留下。但是，没有付钱。

1914 年 8 月，鄂登堡在俄国科学院工作的时候，带着画家、摄影家、地形测绘师、民族学家以及艺术家来到了敦煌莫高窟。他们在莫高窟停留 5 个多月，然后带着大批珍贵文物回国。

我们不知道鄂登堡从王道士那里搞到了多少经卷，又是怎样搞到手的，因为他没有像斯坦因和伯希和那样写回忆录和发表日记。一直到 1957 年，中国文化部副部长兼文物局局长郑振铎访问苏联，中国人才第一次得到一个十分惊人的消息：列宁格勒（今圣彼得堡）不但藏有敦煌文献，而且是世界上保存敦煌文献最多的地方。

世界上敦煌文献的收藏中心有 4 个，它们是：俄罗斯圣彼得堡，藏有敦煌文献 20 000 件以上；北京，藏有敦煌文献 8 000 余件；伦敦，出版了《英藏敦煌文献》共 15 卷，约 8 000 件；巴黎，出版了《法藏敦煌西域文献》，约 7 000 件。

美国人华尔纳 1924 年到哈佛大学福格艺术博物馆筹建东方藏品部，做的第一件事就是率领福格艺术博物馆中国考古队到敦煌考察。华尔纳的这次中国之行，用他自己的话说就是"侦察性的考察"，目的有两个：第一，搞清楚经过斯坦因、伯希和等人掠夺以后，藏经洞的文献究竟还有多少剩余；第二，搞清楚中国唐代壁画所使用的颜料以及颜料的来源。

1924 年 1 月 21 日，华尔纳到达敦煌莫高窟。这时，藏经洞已是空空如也，但优美的壁画和彩塑让这个美国人震撼不已。一连十天，除了吃饭、睡觉，他没有离开过洞窟。他在书中表达了自己的真实感受："我除了惊讶得目瞪口呆外，再无别的可说……现在我才第一次明白了，为什么我要远涉重洋，跨过两大洲。"

华尔纳给了王道士 75 两银子，条件是剥离壁画和取走彩塑。华尔纳在一本著作中叙述了这个过程，他说："我用糨糊从王道士的壁画上将艺术杰作粘去，王道士并不认为有什么不妥。但塑像的情况就不同了。这些塑像是他的骄傲。他花了好几个月的时间，从一个绿洲到一个绿洲，沿街化缘，乞讨来的钱都用来做塑像。而现在来了一个发疯的洋鬼子，虽然给了一笔可观的礼金，也竟然想拿走一件塑像……最后，我们达成妥协：我答应只拿走一件旧的、失去光泽的塑像，绝不拿他最近才花钱做好的美术品，这一妥协方案使他大感宽慰。"其实，王道士自己找人制作的彩塑，一钱不值，而华尔纳搬走的唐代彩塑，才是价值连城的绝品。

华尔纳是怎样剥离壁画的？最初就是用铁铲去铲。但是，由于莫高窟的墙壁是沙砾，这样做并不成功。我们不知道他用这种办法破坏了多少壁画，才发明用胶水把壁画粘走的方法。（2-7）

华尔纳剥离的莫高窟壁画究竟有多少方？人们的说法不一致。有人与哈佛大学福格艺术博物馆联系过，可能 16 方比较切合实际。目前展出 10 方，5 方尚未展出，1 方毁坏。华尔纳的强盗行径给敦煌石窟壁画造成了不可复原的损失。

华尔纳还疯狂地盗走了洞窟中的唐代半跪式观音彩塑一身，该彩塑成为福格艺术博物馆的镇馆之宝。

1925 年，华尔纳第二次来华。这次他做了充分的准备。上次由于胶水不够，只盗走 16 方壁画。这次，他带着粘壁画的专家到达敦煌，企图把敦煌第 285 窟（西魏）的壁画全部盗走。

但是，华尔纳上次的掠夺，激起了敦煌上下的愤怒。敦煌县给他们的活动做了严格的规定：不准毁坏壁画及文物，拍照不准使用闪光灯；不得居住在莫高窟，当日返回敦煌县城居住（敦煌县城距莫高窟大约 25 公里，每日乘牛车往返，在莫高窟只有很少的时间）；敦煌县派军警予以保护（实际上是监督）。

民众也起来自觉保卫莫高窟壁画，他们不允许自己崇拜的神物被盗。华尔纳走到哪里，老百姓就跟到哪里。华尔纳说，有十几个村民放下自己的工作，来监视他的行动。哪怕是到了客店门外，都有老百姓用愤怒的语言骂他，甚至要置他于死地。这样，华尔纳仅仅在莫高窟匆匆"考察"了三天就走了。从此以后，华尔纳等人再也没有敢回到莫高窟。

佛尊像

顶礼膜拜

第三讲

　　洞窟表现佛的生存空间，彩塑表现佛的形貌，壁画表现佛的活动和主张——佛经和教义。这样，洞窟、彩塑、壁画组成有机的整体，彼此呼应，恰到好处地表现了理想的佛国世界。

　　在石窟中，彩塑居主体地位。彩塑的内容是佛教尊奉的诸佛，首先是佛教创始人释迦牟尼佛；其次是弥勒佛、药师佛、阿弥陀佛，以及三世佛、三身佛、千佛等；除此之外，还有菩萨、弟子、天王、力士、飞天等。石窟彩塑，既是佛教信徒顶礼膜拜的偶像，也是僧侣修禅观想的对象，以便深入禅定，闭目见佛，在头脑中形成幻想中的佛国世界。

　　佛教特别重视造像，所以佛教也称"像教"。我们要了解敦煌石窟艺术，首先就要认识佛像，只有认识了佛像，才能进一步了解佛经的哲理。

佛陀像　　　　　　　　佛，也叫"佛陀""浮屠"，梵语为 buddha，按意思可以翻译为"觉者"。佛陀，就是佛教对真理彻底觉悟者的尊称。

　　觉悟，就是对真理的把握。按照对真理把握的程度，觉悟分为三个阶段：自觉、觉他和觉行圆满。与觉悟的三个阶段相适应，就产生了修行的三个层次：罗汉、菩萨和佛。普通的俗人是没有觉悟的，经过修行，就有了觉悟。

　　最低级觉悟的是罗汉，他只有自觉，就是说，罗汉可以自己明白。菩萨与罗汉不同，他不仅有自觉，而且有觉他。也就是不仅自己明白，而且能够使别人明白。菩萨尚在求佛阶段，还没有达到圆满，最早的菩萨就是尚未成佛的释迦牟尼。而佛对宇宙人生的根本道理已经透彻觉悟，也就是大彻大悟，叫作觉行圆满。

　　谁是佛呢？佛教在发展过程中，分成了两派：大乘佛教与小乘佛教。最早出现的是小乘佛教，他们认为，佛只有一个，那就是释迦牟尼。后来，又出现了大乘佛教，认为既然佛就是对真理彻底觉悟的人，那么，人人都可以成佛。

　　既然有很多佛，怎样区分这些佛呢？按照佛的不同姿态，可以分为坐佛、卧佛、交脚佛、禅定佛、苦修佛、说法佛、游戏坐等。

　　莫高窟第 96 窟的弥勒佛（31）是坐佛像，高 35.5 米，是莫高窟第一大佛，也

叫北大像。北大像建于唐代武周延载二年（695），由禅师灵隐和居士阴祖建造。弥勒佛依崖而坐，两腿自然下垂，两脚着地。挺胸抬头，目光下视，高大威严，具有一种震慑人心的气势。容纳佛的洞窟，是一个高耸的空间，上圆下方，很容易让我们想起天圆地方。上小下大，引发透视的错觉，让人们感受到佛的庄严伟大和自己的渺小卑微。

　　莫高窟第 130 窟的坐佛像，因为在北大像以南 300 米，所以也叫南大像（3-2）。据《莫高窟记》记载，唐开元九年（721），敦煌人马思忠等开始建造，唐玄宗天宝年间竣工，前后共费时 30 年。

　　南大像高 27 米，而头高 7 米，显然不符合人的身体比例。但是，当人们从下面仰视时，依然能够清晰地看到头部，并且感到身体比例恰当，这充分显示出古代

民间艺术家的智慧。

南大像的坐姿与北大像相同，雄伟的佛身依崖而坐，双腿下垂，两脚着地，左手抚膝，轻柔自然，佛头微俯，双眼下视，神情庄重慈祥，略含笑意。

北大像与南大像都是弥勒佛像，这些弥勒佛之所以建在唐代，是因为武则天自称弥勒佛。

佛教把世界分成三劫，劫是一个时间概念，世界产生一次，又毁灭一次，就叫作一劫。世界将经历三劫，总称为过去、现在和未来。与世界的三劫相对应，佛也有三世，那就是过去佛、现在佛和未来佛。所谓过去佛，就是燃灯佛，据说，当燃灯佛降世时，天空明灯自然出现；所谓现在佛，就是释迦牟尼佛；所谓未来佛，就是弥勒佛，"弥勒"是音译，意译为"慈氏"。据《弥勒经》，释迦牟尼涅槃 56 亿 7000 万年以后，弥勒佛将降生于世。人们之所以喜欢弥勒佛，是因为在任何时代，人们最期待的都是太平盛世，衣食无忧，老有所养，死有所归，希望生活在一个没有战争、没有欺诈、没有流血、没有贫困、没有痛苦的理想社会。而据佛经说，弥勒佛能够给人们带来这样的理想世界。

莫高窟第一大卧佛位于第 158 窟（3-3）。人们俗称的卧佛，就是释迦牟尼涅槃像。佛教中的涅槃，是指经过苦修善行，脱离生老病死的苦境，进入了永远不死、永不轮回的常乐我净的永恒世界。涅槃是佛传故事中一个重要的情节，也是佛教徒追求向往的最高境界。

第 158 窟叫作释迦牟尼涅槃窟，就是将释迦牟尼的涅槃像作为洞窟的主体，横陈在观众面前。所以，涅槃窟为长方形，好像一个棺材。此窟深 7.28 米，宽 17.2 米，在 17.2 米的大佛床上横卧着涅槃像。涅槃像身长 16.6 米，肩宽 3.5 米。这尊卧像未经后代重修，保存着唐代的风貌。佛双目半闭，唇含笑意，那么安静，那么恬适，好像世间没有任何烦恼的事，甚至连梦境都是平静的，刻画出释迦牟尼涅槃

时的安详自信、泰然而往。

释迦牟尼本是男性，但塑像做了女性化的处理。圆润丰腴的肌体、优美的线条，透过薄如轻纱的袈裟，隐隐约约地表现出来，完全像一个美人甜甜地睡去。

敦煌彩塑的特点之一就是塑绘结合。彩塑的优点在于具体生动，但是，彩塑有自己的弱点，它只能够表现瞬间，不能够表现过程；只能够表现一个人的活动，不能够表现许多人的活动，因此，如果要表现较为复杂的情节，就要有壁画作为补充。

恬静的卧佛与背后的壁画形成鲜明的对照。第一幅壁画是《迦叶奔丧》(3-4)：释迦牟尼涅槃时，迦叶不在身边，在伊筛梨山中率弟子修行，忽梦大地震动，知道释迦牟尼涅槃，急率弟子奔丧。当他看到释迦牟尼已经涅槃，悲痛欲绝，双手高举，身体前倾，做匍匐状。左右两个弟子，把迦叶紧紧拉住，以防他扑倒在地。迦叶老泪纵横，嘴巴大张，泣不成声，情真意切，感人至深。

第二幅壁画是《举哀图》：释迦牟尼去世时，八国国王与朝臣急往致哀，号哭悲哀，闷绝于地。画工根据当时人们的欣赏习惯，把八国国王表现成吐蕃赞普的形象，身形高大，气宇轩昂，头缠高冠，辫发束髻于脑后。

在赞普像的右侧，有一华夏帝王，头戴冕旒，在二宫女的扶持下，痛哭失声（3-5）。其余人都是高鼻深目，浓眉虬髯。

哀悼活动十分惨烈，有人割耳，有人削鼻，还有人用长刀刺胸。在西域少数民族之中，亲人死去时，悲伤欲绝的人们就用割耳、削鼻、刺胸等方式来表达自己的悲伤。我们现在看到的这幅作品，只是第 158 窟北壁西侧壁画的局部。

第 158 窟还有一些壁画，比如，当释迦牟尼涅槃时，四身菩萨像肃穆沉静，好像漠然置之。因为他们知道，释迦牟尼的涅槃，不是死亡，而是进入了不生不死的最高境界。还有的壁画表现佛死之后人们欢喜雀跃的场面，这些兴高采烈的人，都是"外道"。所谓"外道"，是佛教对其他教派的贬称。"外道"看到释迦牟尼涅槃，以为释迦牟尼已经死了，或倒立，或吹笛，或击鼓，或歌唱，或舞蹈。皆大欢喜，手舞足蹈，乐不可支。

北魏第 259 窟有尊佛像（见图 1-5），长眉细眼，大耳长发，身披圆领通肩袈裟，衣褶生动，双腿盘坐，两手相握，自然收在腹前，这就是禅定佛。

禅定，是指佛教徒通过集中精神，观想特定对象而获得佛教悟解的一种修习活动。

你看，那沉静、那聪慧、那美丽，已经深得佛法，超凡出世，坦荡无忧，无怪乎有人把她叫作"东方的维纳斯"。如果说，西方艺术中最迷人的是"神秘的微笑"，那么，莫高窟最迷人的就是禅定佛的"神秘的微笑"。

西魏第 248 窟的《苦修佛》（3-6），可以说是苦难艺术的典范，表现释迦牟尼 29 岁时，舍弃富贵的太子生活，寻找解脱生老病死的痛苦、达到极乐世界的道路。他出家修行，遍访名师，一无所获。后来，一个外道法师对他说：只有苦行节食，才能够寻找到解脱之路。于是，释迦牟尼日食一麻一米，6 年时间，久居旷野，顶风冒雨，盘腿静坐，入定禅思。结果，"身肉为消尽，唯有皮骨存。腹背表里现，犹如箜篌形"。为了表现这种形体羸瘦、骨皮相连的形象，敦煌石窟的苦修像，身披通肩袈裟，面貌清秀，眉目疏朗，颧骨突出，眼小唇薄，脖颈细长，胸前的肋骨清晰可见。结跏趺坐，双手相握，收在腹前，做禅定印。虽然十分消瘦，但是，他打算把人间的痛苦都由他一个人承受，受到人们的尊敬与崇拜。

莫高窟北魏第259窟的《释迦多宝佛》(3-7)是莫高窟彩塑中最早的二佛并坐像。二佛并坐像表现《法华经·见宝塔品》的内容。《法华经》是释迦牟尼所说诸经中最重要的经典之一。凡是能够宣讲、读诵这部经的，才能够证明他是佛。当释迦牟尼佛在灵鹫山法华大会为会众说这部经时，东方宝净世界的多宝佛乘多宝塔来到法华大会的上空。应会众的要求，释迦牟尼让多宝塔降到法华会。塔门打开了，多宝佛让出一半座位，请释迦佛进入说《法华经》。于是，释迦牟尼进入塔内，二佛并坐为大家说《法华经》。

左边的是多宝佛，高1.4米；右边的是释迦佛，高1.43米。二佛都是游戏坐，造型相似，刻纹发髻，脸圆额方，细眉小眼，大耳垂肩，身穿水纹红色袈裟，袒露前胸，身后有火焰纹相衬，庄重慈祥。

隋代第420窟的《光影千佛》(3-8)，左右两面墙壁上的千佛，好像是从佛龛里放射出来的光芒，异常壮观。特别是在昏暗的石窟中，当油灯照亮时，就会形成放射状的光芒，震慑人们的心灵。

所谓千佛，指的是许多个佛。千佛是怎样产生的呢？有不同的说法。

在佛教发展史上，佛的数量是不断扩大的。最初，能够称为佛的只有释迦牟尼。后来，大乘佛教提出一世多佛的思想。随着大乘佛教的发展，佛的数量也逐渐增加，最后多至千佛。

还有一种说法：千佛是僧人眼前的幻象。当僧人坐禅达到虚幻境界时，眼前就出现千佛，最早在敦煌建窟的乐僔和尚眼前就出现了幻象，"忽见金光，状有千佛"。

弟子像 　　凡是跟随释迦牟尼出家、弘扬佛法的僧人，都可以称为佛门弟子。跟释迦牟尼出家修行的佛门弟子成百上千，

最著名的是迦叶和阿难。敦煌石窟共有迦叶、阿难塑像 300 余身。一般说来，佛的左边为迦叶，右边为阿难。

迦叶，全名叫迦叶波，他对佛法有特殊的悟性。传说佛到灵鹫山说法，手里拿着一朵花，面对大家，微笑不语，大家都不知道这是什么意思。其实，这是最高级的说法，这种说法不靠文字，不靠语言，而靠心，叫作"以心传心"。花代表智慧，微笑代表开悟，在所有弟子中，只有一个弟子明白佛的意思，他就是迦叶。

迦叶成为释迦牟尼十大弟子之首，佛把平时所用的金缕袈裟和钵盂给了迦叶，迦叶成为佛的继承人。佛涅槃后，他成为佛教的领袖。后来，弥勒佛出世时，他就把袈裟给了弥勒佛。

迦叶年龄最大，被称作"头陀第一"。他经过苦修而成正果，是老成持重的高僧形象。有人说，敦煌的塑像中，最成功、最有个性的是迦叶，通过人物的造型，准确地表现了他深邃的精神世界。第 427 窟隋代的迦叶像（3-9），外披敞开的袈裟，可以看到他的锁骨、胸骨和高高的喉结。方脸大耳，满面皱纹，嬉笑露齿，肌肉松弛，两眼深陷，目光衰退，表现了一个饱经风霜、不辞辛苦、终生苦修的老年迦叶的形象。

释迦牟尼的右侧是小弟子阿难。阿难也是佛的十大弟子之一。据传释迦牟尼说法时，没有记录，因而没有留下成文的经书。所幸阿难聪慧，勤奋好学，博闻强记，所以阿难叫作"多闻第一"或"多闻阿难"。今天所看到的佛教经典，是释迦牟尼涅槃 3 个月后，迦叶召集五百罗汉，由阿难依靠记忆口述出来，并经过全体弟子认可，记录而成。他出身贵族，富有教养，神情沉静。在十大弟子中最聪慧、最年轻，是一个漂亮可爱的形象。

敦煌隋代第 419 窟的阿难像（3-10），昂首侍立，面貌丰润，姿态从容洒脱，神情文静。阿难的形象是天真聪慧，略带稚气。若不是剃度削发，身披袈裟，那就是一位充满青春活力，有血有肉、有情有义的风流才子。

天龙八部像　　　　天龙八部是佛教所说的八类天神，他们是佛教中各类护法神，包括天众、龙众、夜叉（鬼神）、乾闼婆（香

音神）、阿修罗（天神）、迦楼罗（金翅鸟王）、紧那罗（乐神）、摩睺罗伽（大蟒
神）。这些天干天神，有善有恶，有美有丑，但他们都是佛国世界的保卫者、护法
者、服务者。我给大家介绍其中最著名的几个形象。

"四大天王"在佛教创立前是印度民间宗教信仰的神，佛教创立后，成为佛教
的护法神，俗称"四大天王"，佛教称"护世四天王"，是佛国世界里的四大武装
元帅。

在佛教中，佛国世界的中心是须弥山，在须弥山的半山腰，又有一山，名叫
犍陀罗，犍陀罗的四面有四个高峰，四个高峰上分别住着四大天王，他们分别镇守
东、南、西、北四大洲。四大天王自从到了中国，形象与职能逐渐汉化，不仅是东
西南北四方的护国统帅，而且变成了吉祥神，分别代表风、调、雨、顺：持剑的南
方天王代表"风"；持琵琶的东方天王代表"调"；持伞的北方天王代表"雨"；持
蛇的西方天王代表"顺"。

在一般的佛教寺庙中，弥勒佛坐在中间。如果周围有四个武士，那就是东、
南、西、北四大天王。如果身旁有两个武士，那就是南、北天王。所以，在四大天
王中，最著名的是南、北天王。

南天王与北天王的共同点在于他们都是头戴宝盔，面色黝黑，身披甲胄，庄严
威武，全然是现实生活中武将的形象。南、北天王的不同点在于，南天王闭嘴，民
间叫作"哼"天王，北天王张嘴，民间叫作"哈"天王；南天王的胡子是塑上的，
北天王的胡子是画上的。

莫高窟的天王彩塑有 200 多身，还有一些壁画，形象非常生动。

盛唐第 45 窟的北方天王像（3-11），身高与真人相等，身穿彩色铠甲，全身金光
闪耀，身材魁伟，气势威武。双眉紧锁，两眼怒视，张口若吼，一手挥拳，一手叉
腰，脚踏地鬼肩臂。地鬼不堪重压，鼓目锁眉，龇牙咧嘴，痛苦异常。

第 45 窟的南方天王像（3-12），同样威风凛凛，刀眉暴眼，闭嘴用力，震慑群
鬼，充分表现出天王具有降服一切妖魔鬼怪、保护佛国安全的力量和意志。他也
是一手挥拳，一手叉腰，脚踏地鬼，一脚踩在肩上，一脚踩在肚子上，地鬼连挣
扎的力气都没有了。

彩塑中，多为南、北天王，所谓"四大天王"并不多见。

力士是佛教的护法神，因为他们手持金刚护法杵，所以也叫金刚力士，或者叫药叉。在梵语中，金刚就是狼牙棒、粗棒的意思，是一件兵器，延伸为武装力量。

天王与力士都是武装力量，但是他们有重要的区别。天王是佛国世界的正规部队，身着铠甲，好像将军。力士是佛国世界的武装散兵，不穿铠甲，好像民间的剑侠。据佛教神话，每一个天王，都有两个金刚力士作为他们的武将和近卫，所以，俗称"四大天王、八大金刚"。莫高窟现存金刚力士 28 身。

盛唐第 194 窟的金刚力士像（3-13），两脚分踩山石，一手握拳，一手张开，气势威武。他上身裸露，肌肉暴起，头发竖立，大耳立眉，牛鼻阔嘴，相貌丑陋，是令人生畏的镇恶驱魔的形象。

一尊成功的雕塑，不仅能够表现我们看到的，而且能够表现我们虽然看不到但能够想到的。我们看到这尊金刚力士像，就想到了在他的面前，有一个恶魔，露出可怕的獠牙，要进入宁静的佛国世界。金刚力士高度紧张，肌腱突出，怒眼圆睁，面对恶魔，好像是即将出击的那最紧张的一个瞬间。

菩萨像

美轮美奂

菩萨与飞天代表着莫高窟彩塑和壁画艺术的最高成就，也是中国古代人物塑像和壁画的标志性符号。

古希腊的美神是维纳斯，她的塑像《米洛斯的维纳斯》，标志着古希腊雕塑的最高成就，人们用无数美好的语言去赞美它。可以说，所有对西方艺术略有所知的人，都知道并且欣赏这尊断臂的维纳斯。

但是，人们可能不知道，在中国敦煌莫高窟，也有一尊东方的断臂维纳斯，可以与其媲美，那就是初唐第 205 窟的供养菩萨（4-1）。这尊雕像，袒露上身，身材丰腴健美。项饰珠链，胸饰璎珞，姿态典雅，庄重大方。神情静谧恬适，风度雍容华贵。两臂已残，留给我们无限丰富的遐想——也许两手合十，也许一手放在胸前，一手微微上举。不论怎样，都能够与我们心中那个美丽、纯洁、神圣的形象吻合。正像人们美好的遐想为断臂维纳斯增加了无限的艺术魅力一样，我们对这尊断臂供养菩萨的遐想也增强了其永恒的艺术魅力。

断臂菩萨永远无法复原，但是，在莫高窟还有不断臂的、极为完美的菩萨像，比如盛唐第 45 窟的《佛和弟子菩萨天王像》（4-2）。

西壁龛内主尊佛释迦牟尼像，结跏趺坐，正在给弟子讲经说法。佛的左侧是老成持重的弟子迦叶，右侧是小弟子阿难，南北两侧各有天王一尊。可以说，每尊雕像都充满着无限的魅力，都是高不可及的范本。但是，其中最迷人、最生动、最美丽的塑像是南北两尊菩萨像（4-3、4-4）。

这南北两尊菩萨像，代表了中国古代人物塑像的最高成就。我们可以说，如果不看这两尊菩萨像，不仅不能充分了解敦煌莫高窟石窟的艺术魅力，也不能充分了解中国古代彩塑的艺术魅力。杨雄先生对第 45 窟的两尊菩萨像有精辟的论述，特

别是与西方《米洛斯的维纳斯》做了令人信服的对比。他说：

"维纳斯的头发及眉眼耳鼻口五官，都是写实的，脸上肌肉的起伏及五官比例都是以人为模特儿的，流露的是天然的美。而敦煌菩萨脸上的五官却是理想化的，是想象的美。这一点从两者的脖子上看似更明显：维纳斯的脖子是写实的，长长的颈项，很美；而菩萨的脖子是三条弧线叠成的，人不可能长那样的脖子，但它也很妥帖，也很美。这简直不可理解：那种不可能的样子却没有不和谐的感觉。

"综合起来，维纳斯再现了女性现实的美，菩萨则表现了女性一种升华的美。两者表现手法上的显著不同，在于前者手法写实而后者手法写意。前者注重人体的'体积'的塑造，而后者却习惯于概括地以'线'来造型。"

菩萨像有如此迷人的艺术魅力，那么，什么是菩萨呢？赵朴初说："简单地解释，凡是抱着广大的志愿，要将自己和一切众生一齐从苦恼中救度出来，而得到究竟安乐（自度度他）；要将自己和一切众生一齐从愚痴中解脱出来，而得到彻底的觉悟（自觉觉他）——这种人便叫作菩萨。"

菩萨在佛教中，地位仅次于佛，释迦牟尼在成佛之前，就是菩萨。菩萨常常在佛的身边，协助佛教化众生，弘扬佛法。按照大乘佛教的理论，凡是立志修行，求得觉悟的众生，都可以成为菩萨。

莫高窟的菩萨像非常丰富多样，我们可以从以下几个方面欣赏菩萨像。

菩萨按性别分类

按照性别，菩萨可以分为男性菩萨、中性菩萨和女性菩萨。佛经说，释迦牟尼成佛之前就是菩萨，由此可见，菩萨应当是男性。佛教传入中国以后，早期的菩萨像确实多为男性，后来，菩萨逐渐变为女性。唐僧道宣说："造像梵相，宋齐间皆唇厚、鼻隆、目长、颐丰，挺然丈夫之相。自唐来，笔工皆端严柔弱，似妓女之貌，故近人夸宫娃如菩萨也。"

这个论断，从一个方面说是正确的，那就是先有男菩萨，后有女菩萨。但是，如果以唐代作为划分男菩萨与女菩萨的时间界线，就不一定正确了，时间不是划分菩萨性别非此即彼的绝对界线。我们只能够大体地说，在北朝时期，菩萨多为男

性；到了隋唐时期，菩萨多为中性；宋元以后，菩萨多为女性。

男性菩萨肩宽挺胸，躯肢健壮，英姿飒爽，没有纤弱柔媚之态。面相丰满，目大眉长，鼻梁高隆，直通额际。以两幅观音像为例（4-5、4-6），图中的菩萨头戴宝冠，表情肃穆，方面大耳，特别是带有胡须，表明是男性。

中性菩萨，就是"男女不分"的菩萨，或者说，有几分像男性，也有几分像女性，既有男性的雄伟，也有女性的柔媚。

当然，不同的塑像，各有侧重，或者更倾向于女性，或者更倾向于男性。例如，隋代第420窟的菩萨塑像（4-7），一方面，菩萨有胡须，说明他是男性；另一方面，形体、服装又具有女性的特征。唐代第194窟的菩萨像（4-8），有微微的蝌

左: 4-7 莫高窟第 420 窟
萨像

右: 4-8 莫高窟第 194 窟
萨像

下: 4-9 莫高窟第 159 窟
萨像

蚪状胡须，显示出男性的特征，身体大体直立，但颈项、腰部及下肢，构成了轻微的 S 形扭曲。神情端凝，沉静和善，左手轻轻上举，右手下垂，衣料轻软，色调清丽，美不胜收。可谓中性菩萨之典范。

至于为什么会有女性菩萨呢？或者说，为什么男菩萨会变为女菩萨呢？原因有二：一是欣赏者喜欢女性菩萨。菩萨与人为善，人们常说"菩萨心肠"，所以女性菩萨更容易为大众所接受；二是政治的需要。《隋书·王劭传》记载：皇后死了，王劭就上了一个奏折说，皇后去世之时，他看到仁寿宫内下金银之花，大宝殿内夜有神光，永安宫内有美妙的音乐，所有这些现象，都说明皇后是天上的妙善菩萨。这样，菩萨自然是一位女性了。

唐代第 159 窟的菩萨像 (4-9)，云髻高耸，发披双肩。曲眉秀眼，身体呈 S 形，左手轻轻上举，右手下垂，显示出婀娜多姿的神态。上身穿茶花纹内衣，肩披海石榴卷

图 4-10 藏经洞绢画 文殊骑狮像
图 4-11 藏经洞绢画 普贤骑象像

0
7
1

草纹半臂，下系团花纹红罗裙。胸部素白如玉，微微外露，宁静、含蓄、温柔、典雅。这身菩萨就是典型的女性形象。

菩萨按地位分类 菩萨在佛国世界中的地位，大体可以分为两类：胁侍菩萨和供养菩萨。所谓胁侍菩萨，就是当佛说法时，分列左右的菩萨。胁侍菩萨是修行层次最高的菩萨，其觉悟程度等同于佛。他们常常在佛身边，协助佛弘扬佛法，教化众生。

唐代是莫高窟壁画中出现胁侍菩萨最多的时代。唐代的大型经变画中往往有释迦牟尼佛、弥勒佛、阿弥陀佛出现，而这些佛身旁都有胁侍菩萨。

在胁侍菩萨中，佛教信徒根据自己的喜好，选出"八大菩萨"作为主要的崇拜对象——释迦佛的胁侍：文殊菩萨和普贤菩萨；阿弥陀佛的胁侍：观世音菩萨和大势至菩萨；药师佛的胁侍：日光菩萨和月光菩萨；此外，还有弥勒菩萨和地藏菩萨。

一般说来，黎民百姓更加敬奉观世音菩萨和地藏菩萨，因为这两位菩萨大慈大悲、救苦救难，是百姓的"救世主"。封建官僚、上层文人更敬奉文殊菩萨和普贤菩萨，因为这两位菩萨专管智慧辩才、崇理大德。

当释迦牟尼佛说法时，左胁侍是文殊菩萨，右胁侍是普贤菩萨，他们并称为"华严三圣"。在佛教诸菩萨中，文殊菩萨是智慧的代表，因此有"大智文殊"的美称。按照佛教的说法，他早就应当成佛，只是为了协助释迦牟尼教化众生，才甘为菩萨。据说他显灵说法的道场在五台山。

《文殊骑狮像》(4-10)，现藏于法国卢浮宫。文殊菩萨的坐骑是青狮，表现出勇猛无畏的态势。青狮足踏莲花，张口怒吼，侧头瞪目，十分威武。文殊菩萨头戴莲花宝冠，修眉细目，面相平静，双手结印。

在佛教诸菩萨中，普贤菩萨是道德的代表，因此有"大行菩萨"的美称。普贤菩萨的标记是六牙白象，象征道德不可战胜的力量。《普贤骑象像》(4-11)，现亦藏于法国卢浮宫。普贤菩萨乘着一头六牙白象，头戴三珠冠，顶悬华盖，形象端庄，肌肤如玉晶莹。这是敦煌绢画中的精品。

文殊菩萨与普贤菩萨在一切菩萨之上。这两位菩萨使人们心灵得到净化，世间

得到安定。

观世音菩萨与大势至菩萨是阿弥陀佛的胁侍菩萨。当阿弥陀佛说法时，左胁侍是观世音菩萨，右胁侍是大势至菩萨，他们并称为"西方三圣"，是佛教净土宗供奉的主要对象。

观世音菩萨是知名度最高的菩萨。唐代皇帝李世民的名字有一个"世"字，因此，观世音菩萨避讳称为观音菩萨。观音菩萨本来与大势至菩萨同等地位，但是，传入中国以后，受到敬仰的程度发生了很大的变化，因为观音菩萨是慈悲的代表，当人们遇到苦难，只要诵念观音菩萨的名字，观音菩萨就会去救援，因而受到下层人民的特别敬仰。

在印度，观音菩萨的形象是一个相貌英俊、身材伟岸的男人，传到中国以后，最早也是男人形象，后来变成了温柔慈祥的女性。例如第 57 窟的菩萨像 (4-12)。

人们绘制或塑造的观音菩萨，有一面二臂观音菩萨像，也有多面多臂观音菩萨像，还有千手千眼观音菩萨像。其中，最典型的是千手千眼观音像 (4-13)。

观音菩萨要救助世界上一切苦难的人，所谓普度众生，仅仅有两只手、两只眼是远远不够的，于是，人们把他完善化、理想化，赋予他千手千眼。

既然千手千眼中的"千"意思是多，怎样在绘画中表现呢？只能够以少代多，以虚代实。观音菩萨具有无限变化妙容的能力，观音的首，可以是三首、八首、十首。画工就让每只手都长出一只眼，于是，就有了千手千眼。

还有许多画工自创风格的观音像，比如宝相观音、杨柳观音、送子观音等。

大势至菩萨是管智慧的菩萨，用独特的智慧之光普照众生，使众生解脱灾难，所以叫大势至。大势至菩萨的形象与观音菩萨相

似，只是大势至菩萨的宝冠以宝瓶为标志，而观音菩萨的宝冠以阿弥陀佛为标志。

盛唐第 217 窟的《大势至菩萨像》(4-14)，双手交掌，置于胸前，双足立于大莲花上，头上有圆光。浑身珠光宝气，遍体罗绮，亭亭玉立，美丽大方。虽然唇边有蝌蚪状的小胡子，但富丽的色彩、庄严的神态、婀娜的身姿，都显示出文雅女性的特征。

地藏菩萨为中国佛教四大菩萨之一，其主要任务是帮助地狱中的恶鬼。据说，释迦牟尼佛曾经告诉地藏菩萨永为幽明教主，地藏受此重托，在佛前立誓，弥勒降生以前，要度尽六道（地狱、饿鬼、畜生、阿修罗、人间、天上）。他说，地狱不空，誓不成佛。地藏菩萨发此宏愿，所以，又把地藏菩萨叫作大愿地藏。地藏菩萨的坐骑是一头类似狮子的怪兽，名叫谛听，又叫善听。地藏菩萨神通广大，能够照鉴善恶，察听愚贤。

《地藏菩萨和十王图》(4-15)，表现了地藏菩萨在十王的协助下审理冥府的故事。地藏菩萨坐于座上，右足曲起，左足踏于莲花上。头戴帷帽，左手托水晶宝珠，右手拿金色锡杖，身穿华美袈裟。座前有狮子样的怪兽坐骑，右侧有道明和尚合拳侍立，左侧有四位手抱案卷的判官。再往下看，就是十王。其中九王冕冠大袍，手持笏板，是冥府诸文官。唯有五道转轮王立于另一侧，是冥府的武将，腰横佩剑，手拿弓箭，威风凛凛。图右上角是两个飞来的童子，手持善、恶卷宗。画面左下角是两个恶鬼，正在等待审判。在地藏菩萨的身后，有一个很大的白色圆圈，象征着光明。

供养菩萨修行层次低于胁侍菩萨，是为佛和弘扬佛法服务的菩萨。

所谓供养，就是向佛、法、僧奉献衣食、香花、珍宝等，叫作供养"三宝"。佛经说，在佛的说法会上，凡是领悟了佛的指点，领会了佛的智慧的听众，他们就会起身，献上自己的香花、璎珞，表示对佛的至高无上的赞美。

在说法会上，供养菩萨在佛座的下面，或者在佛弟子、胁侍菩萨的两边，他们的姿态是或站、或坐、或蹲、或跪，他们的动作是或奏乐、或歌

舞、或献花、或敬香、或燃灯、或跪拜、或持经等。

供养菩萨没有具体的名号，在造型上，不像胁侍菩萨有一定的手印、法相，持特定的法器，有特定的坐骑，在特定的佛陀身边有特定的位置。供养菩萨的数量不定，可以是一两位，但也可以是成百上千位。

供养菩萨自由活泼，载歌载舞，表现出佛国世界歌舞升平的盛况，营造出欢快的氛围，例如第 220 窟《药师经变》的乐工和舞伎（4-16、4-17、4-18、4-19）。《药师经变》本来表现的是药师佛国净土的极乐景象，但是，画面无处不渗透着浓浓的生活气息。乐队 28 人，分为两组，左右相对，乐工或上身袒裸，或斜披天衣，弹奏各种乐器，筝、排箫、竖笛、横笛、腰鼓、箜篌、法螺等；两队舞伎，在灯火辉煌、乐音悠扬中翩翩起舞，在小圆毯上旋转腾踏。恢宏的场面、悠扬的乐音、绚丽的色彩、生动的舞姿，不都是现实生活的场景吗？令人想起南唐顾闳中《韩熙载夜宴图》中的美丽舞姿。

菩萨按姿势分类

菩萨按照姿势，可以分为坐式菩萨、胡跪菩萨与立式菩萨。坐式，也叫游戏坐，或半跏趺坐，即一腿盘坐莲台，一腿自然下垂，坐姿轻松、自然、优美。这种坐姿，只有佛或地位较高的菩萨才可以采用，比如文殊菩萨、普贤菩萨、观世音菩萨、大势至菩萨等。这种坐姿的菩萨，也叫思维菩萨。思维菩萨的特点就是沉思，跷脚坐莲台，头微前倾，目光下视，好像在思量众生的疾苦及解决的办法。

莫高窟的坐式菩萨很多，其中最精美的是初唐第328窟的南北两尊思维菩萨。南侧的思维菩萨 (4-20)，是与观世音菩萨相对而坐的大势至菩萨，一手抚在腿上，一手上举，手指屈为环形，发髻高耸，面相丰腴，双手纤巧，两足丰柔，体现着唐人以丰肥为美的观念。表情沉静，安详自如，好像已在沉思默想中进入渺渺的佛国世界。

胡跪，是菩萨的一种跪式，原来是西域少数民族的一种跪拜形式，后来，这种跪拜礼式成了菩萨的一种造像形式，也就是一腿跪，一腿蹲。这种姿势的菩萨就叫作胡跪菩萨。胡跪菩萨是地位比较低的供养菩萨，是佛的侍从。 (4-21)

能歌善舞
飞天像

飞翔天空，是人类的梦想。

中西艺术对人飞翔于空中这一梦想的表现方式是不同的。西方艺术追求真，于是，画一个真实的人，背后插着真实的鸟的翅膀，他的名字叫爱神丘比特。不知道为什么，尽管他有翅膀，我们还是感到他无论如何也不能够飞起来。意大利著名画家卡拉瓦乔画于17世纪初的《丘比特的胜利》（5-1），主角就是绑上真实的翅膀也无法飞翔的真实的小孩。

飞天来自印度。若追根求源，所谓飞天，就是印度的乾闼婆与紧那罗的合称，大多表现为石雕。乾闼婆与紧那罗在古印度的神话中是娱乐神、歌舞神，乾闼婆意为天歌神，紧那罗意为天乐神。他们形影不离，融洽和谐，是恩爱夫妻。也许，印度的飞天更接近佛经的记述。

印度石雕乾闼婆和紧那罗（5-2），一男一女，一前一后。他们身躯直硬，体壮腿短。看他们笨拙的身躯，是飞不起来的。

我们说印度飞天，其实是为了叙述的方便。在印度，或者在佛教经典中，不叫飞天，而叫诸天、天人、天女等。真正能够飞起来的飞天，是中国人的杰出创造。虽然没有翅膀，但是，人们感觉他们就自由自在地翱翔于天空。

佛教传入中国之后，所谓印度飞天变成了佛教天龙八部护法神之一，与中国传统神话中的神仙结合了起来。中国传统神话认为神仙是在天上活动的，叫作飞仙。《楚辞》《山海经》《淮南子》中都描绘了飞仙的形象，正像西晋陆机在《浮云赋》中说的"飞仙凌虚，随风游骋"。

飞天的形象也发生了相应的变化。首先，他们夫妻二人合二为一，变成了既能歌又善舞的神，叫作飞天。其次，他们的外貌发生了变化，本来这两位神仙的外貌相当丑陋，随着佛教艺术的发展，逐渐变成眉清目秀、体态窈窕、翱翔天空、翩翩起舞的妙龄少女。

可以说，飞天这个美丽的艺术形象，是各种文化艺术的复合体。印度佛教的天人、中国道教的羽人、中原文化的飞仙，诸多因素逐渐融合，成为现在我们看到的飞天。

在洞窟中，飞天多绘于上方，最多的位置是环窟四壁上端，环窟呈带状横向延伸，寓示天宫仙境。敦煌壁画中的飞天，因所处位置的不同，大概可分为藻井飞天、平棋飞天、人字披飞天、龛顶及龛外飞天、背光飞天、法会飞天、环窟飞天等。

在敦煌石窟的壁画中，常常表现佛说法的场面。佛、天王、菩萨，都是人们礼拜的对象，庄严肃穆。而在佛身边的飞天，自由自在、无拘无束地飞翔于天空，或散花，或舞蹈，或奏乐，这就使佛教寺院充满了欢笑。

经变画、故事画、说法图上方的天空常有飞天飞舞。一方面表现大型经变画中的佛陀说法场面，飞天散花、歌舞、奏乐做供养；另一方面表现大型经变画中的佛国天堂即极乐世界的自由欢乐。飞天飞舞在佛陀的头顶或极乐世界的上空，有的脚踏彩云，徐徐降落；有的昂首挥臂，腾空而上；有的手捧鲜花，直冲云霄；有的手持花盘，横空飘悠。飞天可以在洞窟中任何地方出现，但无论出现在哪里，在构图上一般都是以对称的形式出现。有时画工也会为丰富画面，用散点铺陈，随形就范，零散地将飞天画在各个角落，形成不规则的构图形式，平添意趣。

总之，在敦煌，人们可以看到没有翅膀的美女飞向天空，那就是飞天。她们虽然没有翅膀，仅仅凭借飘逸的衣裙和轻盈的飘带，就使我们产生了"天衣飞扬，满壁风动"的幻觉。她们挣脱了地心引力的沉重，飘然出世，飞向了理想的佛国世界。

莫高窟第 39 窟的飞天（53），从天而降，手托鲜花，一腿前跨，身体下倾，体态修长，舞姿潇洒。特别是那长长的飘带，飞舞飘荡于九天之中，使人们强烈地感觉到她虽然没有翅膀，但真真确确、自由自在地飞翔在空中。

敦煌飞天确实是中国艺术家天才的创作，是世界美术史上的一个奇迹。

飞天，是敦煌石窟艺术的名片。在敦煌石窟中，几乎一半的洞窟中都有飞天。有人统计，敦煌飞天在洞窟中有 4 500 余身，其数量之多，可以说是石窟之最。

敦煌的艺术家们创造出如此生动的飞天形象，不会是一蹴而就的，下面我们来看看飞天的发展历程。

飞天的初创期

飞天的初创期，即为北凉、北魏、西魏、北周时期。初创期的飞天，带有明显的印度飞天的特征。在一些说法图中，上部为佛说法图，两侧对称地画出两身一组飞天，多为男性，健壮而朴拙。

北凉第 275 窟的《尸毗王本生》（54）中，我们看到，在尸毗王身边的这几身飞天，或者合掌，做供养状；或者扬手，做散花状。他们带有较多印度绘画风格，最突出的特征就是头有圆光，脸型椭圆，直鼻大眼，大嘴大耳，耳饰环珰，头束圆髻，身材粗短，上体半裸，腰缠长裙，肩披大巾。由于晕染技法变色，有着白鼻梁、白眼珠，运笔豪

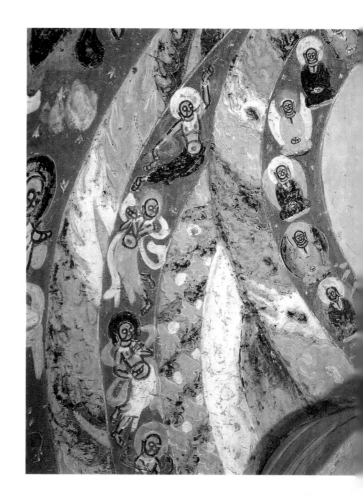

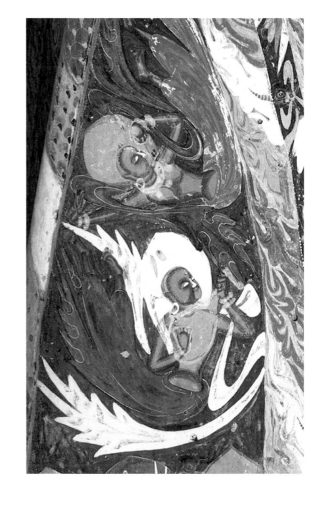

放，着色大胆，显得粗犷朴拙。

北凉第 272 窟说法图中的飞天（55），印度风格已经有所变化。身体逐渐修长，手舞足蹈，姿态优美。有的飞天一腿前跨，一腿在后，好像在跨越。

第 272 窟佛背光中的飞天（56），充满了动感。第 272 窟是一个方形覆斗顶洞窟，佛龛内有佛像，佛像有背光，在背光中有十身飞天，虽然身体呈 V 字形，手腿的动作都比较僵硬，但是，身体的形制已经有一些柔和的倾向。特别是有飞动的姿势，有一种上升的动势。他们或两手张开，好像在舞蹈；或身体前倾，一手前伸，一手上扬，好像在散花。总之，飞天的形象渐渐地生动起来了。

北凉的飞天，动作矫健豪放，充满了男性的阳刚之气。而北魏的飞天，动作比较柔和，说明飞天形象在逐渐转变。

第 257 窟中心柱正面佛龛的上部，在佛光两侧，各有一组两身飞天（57）。南侧这一组，上面的飞天扬起两手，应节而舞，身体似乎在向下落；下面的飞天一边弹奏琵琶，一边仰头悠然地向上升起。这两身飞天动作相互协调，一上一下，一强一缓，一动一静，虽然身体略显僵直，却给人以柔和的感觉。在敦煌壁画中，这种两身一组的飞天被称作双飞天，画家通过两身飞天不同动作姿态的有机结合，创作出优美的动态。

在北魏晚期，飞天的体形和飘带变得很长，掩盖了身体的僵硬感。例如莫高窟第 260 窟北壁说法图中的飞天（58），身体呈 V 字形弯曲，头微微下低，似乎正朝下看，一手持花向上，一手指向下边。身体的每一个部分都延长了，特别是腿，远远超出了正常的比例。但是，在迎风飘带和衣裙的衬托下，楚楚动人。

西魏在飞天发展的历史上，具有重要的意义。从北凉开始，印度风格的飞天与

中原风格的飞天开始融合，但是印度风格居上。到了西魏，出现了两种风格并存的飞天形象。一种是中原风格居上的飞天，标志之一就是线描，改变了西域风格的厚重的晕染，这样，眉清目秀的飞天出现了。另外一种是印度风格居上的飞天，与北凉、北魏的飞天并无本质的区别。

中原风格的飞天，以第285窟的飞天（5-9）为代表。这些飞天身材修长，面庞清秀，两身飞天互相配合，姿势和谐，形成了一种均衡。虽然身体的比例有些夸张，却使观者感到和谐优美。他们在天花飘荡、云气飞扬的空中，轻盈自在地飞翔。

印度风格的飞天，以第249窟的飞天（5-10）为代表，男性，小字脸，双臂、双腿奋力大张，好像在腾跃。身披的长巾高高扬起，舞姿雄健，有阳刚之美。

西魏发展出中原风格的飞天，是由于从中原来的敦煌刺史带来了中原的工匠，创造了"秀骨清像"的飞天。到了北周，政治倾向于西域，这时的飞天形象，又回归了原先的西域风格，只不过不是纯粹的西域风格，而保留了若干中原风格的飞天特征。

早期，宫廷伎乐与飞天有原则性的区别。飞天是飞翔于空中的伎乐，而宫廷伎乐则站立在宫廷的地上。但是到了北周，宫廷伎乐也飞上天空了。这样，飞天与宫廷伎乐的区别就消失了。

莫高窟第428窟的《伎乐飞天》（5-11），是一组四身飞天，第一身回过头来，怀抱琵琶；第二身专注地弹奏箜篌；第三身一条腿前倾，吹奏横笛；第四身双手拍着腰鼓。身体晕染部分变成了粗黑的线条，小字脸，身体强壮，动作有力，显示出西域飞天的特征。

北周飞天出现了很多裸体飞天的形象，例如第428窟的裸体飞天（5-12、5-13），均为男性，身体比例适度，动作自然。

飞天的繁盛期

隋代迎来了飞天发展的繁盛期。隋文帝结束了南北朝近 300 年的分裂，得到了天下。他认为，获得天下的原因是佛教的力量，因此，他大力提倡佛教寺庙的修建，下诏在敦煌崇教寺建塔，这个崇教寺就是莫高窟。

隋代的艺术家对飞天的热爱达到了高峰，在佛龛上、藻井中、说法图上和四壁，都画满了飞天。在装饰画和藻井图案中，飞天与其他艺术形象相配合，相得益彰。隋代的飞天，那强烈雄浑的气势、潇洒出尘的精神，使得庄严神圣的洞窟变得生机勃勃。

隋代莫高窟第 427 窟的飞天（5-14），技法成熟。飞天一边演奏着不同的乐器，一边向前飞去。飘带在变化，彩云在飞动，更加显示出飞天前进的速度。他们体态轻盈，让人们感觉到他们就是在无限辽阔深远的空中飞翔。

隋代的飞天还有一种类型，如第 412 窟龛顶南侧的飞天（5-15）。如果说，第 427 窟的飞天是在碧空飞翔，给人以宁静文雅之感，那么，第 412 窟的飞天，就是在红色的花雨中飞翔，给人以热烈欢快的感觉。这些飞天好像自天而降，有的手托莲

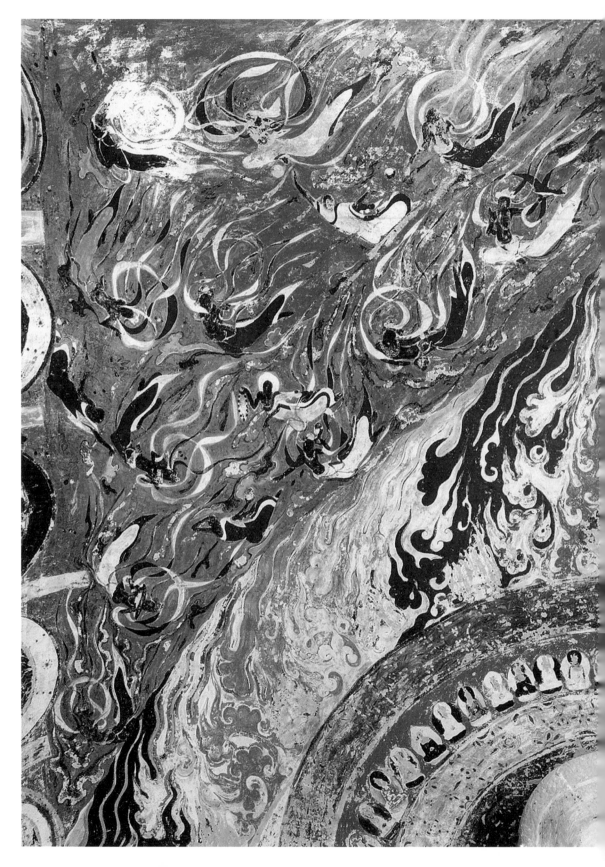

花，有的持璎珞，有的奏乐器，有的散花，他们歌唱着、欢呼着、舞蹈着、演奏着，上下翻飞，自由翱翔，使人们仿佛亲眼看到了幸福的西天极乐世界。

唐代是佛教艺术的黄金时代，也是飞天发展的最高峰。虽然唐太宗说"至于佛教，非意所遵"，"所好者唯尧、舜、周、孔之道"，但是他对佛教采取开明政策，大兴佛寺，著名高僧玄奘得以去印度取经。武则天大力扶持佛教，甚至将之用作政治斗争的武器。唐代莫高窟凿窟200 余个。

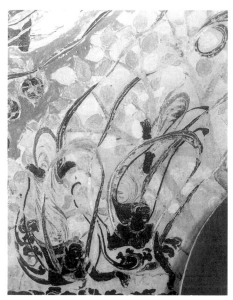

敦煌石窟飞天发展达到高潮的标志，从质量上说，就是飞天的中国化；从数量上说，就是创造了各式各样的飞天。脸型有清秀的，也有丰满的；服饰有半裸的，也有长袍的；飞翔有顺风的，也有逆风的。有脚踏彩云、徐徐降落的；有双手抱头、俯冲而下的；有并肩而游、窃窃私语的；有彩带飘扬、回首呼应的；有昂首挥臂、腾空而上的。有手捧鲜花、直冲云霄的；也有手捧果盘，横空飘游的。种种美丽的飞天，让人目不暇接。

唐代飞天由于宫廷舞蹈和仕女画的影响，形象充满想象，升腾、伸屈、俯仰、翻腾，多种多样。

初唐飞天的代表作来自莫高窟第 321 窟。在《西方净土变》的上部，绘制 20 余身飞天，可谓敦煌石窟飞天的代表作。在辽阔的天空，彩云飘扬，天花乱坠，动人心魄的音乐响彻九霄。那姿态各异的飞天，有的遨游于天空，悠闲自在；有的倒体下坠，似从天宫飞下；有的昂扬向上，漫游九霄；有的舒展双臂，滑行万里；有的结伴飞行，窃窃私语。每一个都是美的化身，自由自在，创造出宁静、和谐的景象。在佛龛上部，深蓝色代表辽阔的天

空，有两身飞天自上而下飞奔而来（5-16），自然轻柔，配合完美，互为依托，缺一不可。

盛唐飞天的代表作来自第 172 窟（5-17）。在佛龛顶部有两身飞天，一身头枕着双手，身体舒展，向上飞翔，仿佛直冲云霄；另一身头自上而下，双手捧着花蕾，飘然而下。两身飞天，一上一下，互相呼应，生动传神。身边的彩云上下翻滚，极富动势。

盛唐时期的飞天是优美女性的典范，第 172 窟的飞天（5-18），面朝说法会，背向天空。右手刚刚把花撒掉，左手又高高举起一束鲜花，准备献给佛祖。飘逸的长裙和流动的浮云，更衬托出她轻盈美丽的身影。她身体修长，一条腿轻提，衣裙飘带随风舒展，仿佛从地面腾空而上，勾画出一个横空飘游的形象。令人想起李白的诗句："素手把芙蓉，虚步蹑太清。霓裳曳广带，飘拂升天行。"

飞天的衰落期

五代之后，飞天的创作进入了衰落期。其标志就是程式化，墨守成规。特别是元代，藏传密宗艺术中并无飞天，汉传密宗艺术中虽然保留了飞天，但数量少，创新少。

元代第 3 窟的飞天（5-19），可谓衰落期的代表作。飞天手捧鲜花，云中下视，面相丰圆，身材短小，表情庄重，形象写实，给人以飞

不起来的感觉。

　　我们看到，莫高窟的飞天形象，可谓多种多样，应有尽有。按照艺术风格分类，有西域飞天、道家飞天以及中原飞天。以性别分类，有男性飞天与女性飞天。以数量分类，有单飞天、双飞天和多飞天。以年龄分类，有童子飞天与成人飞天。以衣着分类，有裸体飞天与衣着飞天。

　　飞天手中拿着许多乐器，比如琵琶、横笛、腰鼓、箜篌、排箫等，与人间乐器无异。不同之处就在于，那些乐器按照佛经所说，不用演奏，自然就发出美妙动听的声音，"百千天乐不鼓自鸣"。（5-20）

　　敦煌飞天，正像希腊艺术一样，具有永恒的魅力。他们介于似与不似之间，介于现实与理想之间，是动人的艺术形象。他们使佛教说法的场面，在暗淡中有了色彩，在严肃中有了活泼，在静止中有了运动，在无声中有了音乐。

佛传画

平生事迹

所谓故事画，就是表现故事的绘画。在故事画中，最重要的有佛传画、本生画、经变画、因缘画。

我们首先讲佛传画。所谓佛传画，是表现佛教创始人释迦牟尼生平事迹的绘画。不同的人对释迦牟尼一生的事迹有不同的诠释。佛教徒说，释迦牟尼是佛，他的一生就是成佛并度化众生。历史学家说，释迦牟尼是人，他的一生就是创造佛教的一生。其实，这两种说法，也不是水火不容。佛教信徒用了几个世纪的时间，把释迦牟尼的生平事迹神化，把许多美丽的神话和民间故事都附加到他身上，结果把真实的释迦牟尼的生平事迹变成了神话传奇。

释迦牟尼在历史上确有其人，他出生在大约 2 500 年前。在中国，那是春秋战国时代，诸子百家相继登上历史舞台。在希腊，名垂千古的希腊艺术正在逐渐焕发它的光彩。在以色列，基督正在准备登上历史舞台。

释迦牟尼，姓乔答摩，名悉达多，释迦是他的族姓，"释迦牟尼"的意思就是"释迦族的圣人"，是人们在悉达多成佛后对他的尊称。在成佛之前，只能够叫作悉达多，不能够叫作释迦牟尼。

公元前 6 世纪中叶，悉达多出生在古代印度北部的迦毗罗卫国（今尼泊尔南部提罗拉科特遗址）。悉达多是该国的一位王子，父亲为净饭王。净饭王希望他能成为一个统一四方的伟大国王，因此，他接受了良好的贵族教育，文武兼精。他娶了一个妻子，貌若天仙，两人有一个孩子。

悉达多王子看到人世间有许多的苦难。这些苦难，从根本上说，主要有两条：第一条，生老病死；第二条，生死轮回。那么，人应当怎样解除这些苦难呢？他苦苦思索，在 29 岁那年，毅然舍弃了王室生活，去寻求答案。他在树林中苦修 6 年，除了身体虚弱之外，没有得到任何结果。于是，他放弃了苦修。终于有一天，他坐在菩提树下，彻悟了一切苦难的根源。就这样，他在 35 岁时感悟成佛，创立了佛教。从此，他在古印度的许多地方云游，传播教义，直到约 80 岁去世。这就是佛教创始人释迦牟尼真实的一生。

北周第 290 窟中有创作最早、规模最大、保存最好、内容最多的佛传故事画（6-1）。这幅壁画分上、中、下三层。第一层，欣赏的次序是由右向左；第二层，欣

赏的次序是由左向右；第三层，欣赏的次序又是由右向左。三层壁画的欣赏轨迹，好像走了一个 S 形。这幅壁画一共有 87 个故事（最后一个故事在平顶之上），刻画了释迦牟尼的一生。壁画长 27.5 米，内容复杂，人物有 200 多身。除了神、佛、仙人，所有世俗人物，包括国王、大臣、太子、嫔妃等，除骑射时穿胡服，其余时均穿汉服。净饭王与善觉王都穿中原帝王服装，表明佛教已经汉化。

　　这幅壁画巨大，内容繁多，但是，相比释迦牟尼一生的事迹，还是太简略了。它仅仅描绘了释迦牟尼从降生到成佛这一个阶段的故事，也就是从摩耶夫人入梦受胎、释迦降生、厌世出家，一直到释迦得道成佛、鹿野苑初转法轮为止。至于成佛以后的故事，这幅壁画没有表现。我们对释迦牟尼成佛以前的故事，择其要者，略加说明。对释迦牟尼成佛以后的故事，根据其他洞窟的壁画，略做补充。

成佛之前的故事　　　　佛经说，释迦牟尼在出生之前是住在天国兜率宫的善慧菩萨，已经有 4 000 年的修行。他决定投生人间度化众生，于

乘象入胎　　　　是选择了净饭王夫妇作为父母。净饭王是一位仁慈清净、英明聪慧的国王。王后摩耶夫人也是一位贤德无双的人。他们结婚多年，膝下无子。一天，摩耶夫人在睡觉时，梦见一位菩萨乘着一头六牙白象，从空中而来，那白象和菩萨从她的右肋进入腹部。这时，周围大放光明，天女散花。醒来后，她就把这个奇特的梦讲给净饭王听，国王也很惊异，于是请来相师，相师占卜以后说，王后所怀的是位圣子，以后一定能光耀释迦族。国王夫妇非常高兴。

　　第 329 窟中有一幅壁画《乘象入胎》（6-2），画面中的大象四蹄奔腾，仿佛非常希望能快一些完成善慧菩萨的心愿。大象脚踩莲花，步履轻盈，奔腾于空中。长长

宁静平和。在大象前面还有一位骑龙引导的天人，善慧菩萨云髻宝冠，跷脚坐于象背，侍者前后跟随，两边还有胁侍的小菩萨。四周的天女在散花、舞蹈，人们好像听见了美妙的音乐，烘托出这个神圣的时刻。飞天姿态轻盈，飘带在空中飞舞，五色的流云和宝相花旋转其间。天国的美景，生动传神。这是敦煌壁画中表现"乘象入胎"这个故事最具感染力的一幅。

右肋降生　　摩耶夫人快要生产时，在经过一个叫作蓝毗尼园的花园时，因为惊动了胎气，就在园中暂时休息。摩耶夫人看到园中景致很好，便信步观赏。经过一棵名叫无忧的大树时，看到树上盛开的美丽花朵，便伸出右手去拨弄树枝。这时，悉达多王子就从夫人的右肋下出生了。

王子出生时，大放光明，照遍了整个世界。帝释天用天衣接住王子，四人天王抱着王子向夫人祝贺。第 76 窟的宋代壁画《右肋降生》（6-3、6-4）中，摩耶夫人伸出右臂，举间高处，悉达多王子已经从她的右肋下跳下。十大明王用龙王注水为他洗浴灌顶。

关于王子从右肋出生的故事，有专家认为，这和古印度的种姓信仰有关。

印度人认为，人是天神——梵天创造的，根据梵天创造人时的部位不同，人就分成了四个种姓。从梵天口中出生的是婆罗门种姓，他们是祭司等神职人员，在社会中地位最高；从梵天的胸腔、肋下出生的是刹帝利种姓，他们是国王等贵族，地位仅次于婆罗门；从梵天腹腔出生的是吠舍种姓，他们是商人；从梵天膝盖出生的是首陀罗种姓，他们是农民等手工劳作者，地位最低。这四个种姓之间不能通婚。如果通婚，他们的后代就被称为"贱民"，是社会最底层的人。

释迦牟尼的种姓，应当属于刹帝利，所以是从肋下降生。释迦牟尼创造佛教的积极意义之一就是摒弃了种姓制度，认为众生平等，只要苦修，都能成佛，所以他得到了广大群众的拥护。

方向各走了7步，而且每走一步都在地上生出一朵莲花来。他一手指天，一手指地，说："天上天下，唯我为尊，三界皆苦，吾当安之。"

在第 290 窟的北周壁画《步步生莲》（6-5）中，我们可以看到悉达多王子的脚下生出朵朵莲花。也许你会问，刚出生的王子为什么和成年人一样高大？莫高窟壁画中人物的大小，是根据高贵程度表现的。比如，男人比女人高，主人比仆人高，国王比臣子高。在王子周边是前来祝贺的天龙、神仙、鬼怪等。

天降瑞应　　　　　悉达多王子的降生日，是佛的降生日，这是一个盛大的节日，
　　　　　　　　　天上降下三十二吉祥，叫作"瑞应"。天降瑞应之一是"九龙灌
　　　　　　　　　顶"（6-6）。王子立于莲花池旁，有龙王九兄弟围绕着他，自下
而上吐出冷热香水，为王子沐浴，使王子身心清净。天降瑞应之二是"首巷自净"
（6-7）。当王子降生时，"陆地生宝莲花，大如车轮"，"地为大动，丘墟皆平"，画面

上有一人在厕所大便，表现"臭处更香"。天降瑞应之三为"渔猎生慈"（6-8）。猎人不再射猎，渔夫不再捕鱼。

仙人卜卦　　王子降生的那一天，净饭王正在殿上与大臣商议国事，得知夫人生一王子，身金黄色，形似天神，非常高兴，便寻思如何迎接王子回城。天神知道了净饭王的想法，派蛟龙拉着七宝车回宫。

当王子乘蛟龙车回城时，净饭王率领群臣、百姓出迎王子，举国欢庆。净饭王召来当时最有名望的相师们给王子占卜未来。大家都说如果王子是一个世俗的人，就会成为一个伟大的国王；如果是一个僧人，就会成佛。这时，有一位名叫阿私陀的仙人（6-9），从天上飞来求见净饭王并且看望王子。他说王子就好像一尊金相，拥有凡人所不具备的三十二相、八十种

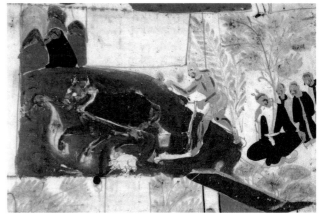

好。他预言说，王子将来一定会出家，而且会成佛，普度众生，让人们从苦恼中解脱出来。

树下观耕　　悉达多长到十几岁，在传统的"王耕节"时，与净饭王一道去田野看农民劳作（6-10）。他看到耕牛被打得皮开血流，耕地时翻出来的小虫被鸟雀吃掉，鸟雀又被鹰、蛇吞食，这是怎样一幅弱肉强食的惨烈景象！太子想到，人与虫子一样，生命短暂，苦海无边，生死

轮回，无法逃脱苦难的命运。他坐在树下沉思起来：人应当怎样才能脱离苦海呢？过路的仙人见此景象，纷纷施礼。

太子纳妃　　　净饭王见太子有出家的迹象，十分着急，就想给太子娶妻。他见那摩诃那摩大臣之女耶输陀罗花容月貌，贤惠无比，就派国师去为太子求亲。但摩诃那摩要求技艺得胜者才许婚，于是，太子经过了种种比试，书典、骑射、围棋、相扑等，获胜之后，方才娶得耶输陀罗为妻。《太子迎妃》（6-11）表现了太子骑马出城迎接耶输陀罗入宫的场景。

　　但是，太子对夫妻之情毫无兴趣，只爱修行参禅，这使净饭王忧虑不已。他为太子修建春秋、夏、冬三时殿，宫女三千，太子端坐宫中，殿外有人弹琵琶、弹箜篌、吹箫、歌舞。净饭王希望太子迷恋尘世的享受而断绝出家的念头。但是，太子对人生的享受感到厌倦，心里只有出家的念头。太子的前世有一个好友，是一个菩萨，叫作作瓶天子，他们曾经互相提醒，要普度众生，以成正果。这时，作瓶天子看到太子的状况，就来提醒他不要忘记自己的使命。

出游四门　　　悉达多受到作瓶天子的警策之后，虽然更坚定了出家的念头，但还是没有下定决心。于是，作瓶天子运用神通，使太子觉悟。"出游四门"是悉达多成长过程中最重要的一次经历，而这次经历的"总导演"就是作瓶天子。

　　太子总是不能理解人间为何还有苦难，因此闷闷不乐。有一天，净饭王派随从

陪悉达多出城去游玩，以排遣他的愁闷。太子一行出东门，见到一个老人（6-12）。这个老人脑袋低垂，须鬓如霜，四肢颤动，拄着拐杖，在太子车前蹒跚而行。太子问："这是什么人？"侍者回答说："这是一个老人。"太子又问："什么是老人？"侍者回答说："老人，就是器官衰退、知觉迟钝，不知道什么时候就会死去的人。"太子居住在皇宫，没有见过老人，他十分惊讶，垂头丧气地回宫了。这个老人，就是作瓶天子演化出来的。

太子一行出南门，遇到一个病人。太子问："这是个什么人？"侍者回答说："这是一个病人。"太子问："什么是病人？"侍者对太子说："人的身体十分脆弱，稍有不慎，就会得病，面黄肌瘦，浑身无力。任何人都会生病，不管你是百姓还是太子。"太子闷闷不乐地回宫了。

太子来到西门，看见灵车出城，灵车上有引导死者灵魂升天的龙，后边一行人在哭泣。太子问："这个人怎么了？"丧主说："这个人刚刚还好好的，不知道怎么就死了。"太子黯然神伤，感到生老病死都是痛苦，苦思冥想，不知道怎样才能解脱人世间的痛苦。

最后，太子出游，在北门遇到一位出家的僧人（6-13）。那僧人豁达恬淡，相貌端庄，威仪整肃。太子问："这是什么人？"侍者答道："这是一个僧人，是一个舍家弃子、断绝六情、守戒无为的人。"太子一听，心生喜欢，说："善哉善哉！天上人间，只有这个，是最上等的。"于是决心出家。当然，病人、死人、僧人也都是作瓶天子幻化出来的。

太子自从遇到僧人，以前遇到老人、病人、死人所产生的满腹愁肠，一扫而光。于是，满怀喜悦之心回宫。

夜半逾城　　　　　悉达多太子出游回来之后，便下定决心出家。于是去请求他
　　　　　　　　　的父亲净饭王批准。净饭王不许，王子说，如果可以满足他
　　　　　　　　　的四个愿望，就永不出家。第一个愿望：永远不老；第二个
愿望：永远年轻健壮；第三个愿望：永远脱离病痛；第四个愿望：永远不死。净
饭王无法满足太子的愿望，知道他想出家的念头已经坚定，便想出种种方法把他
困在宫中。

　　太子在深夜里，悄悄叫人备好马匹，准备逃出宫去。这时，由于天神的帮助，
宫中的所有兵士、侍者都昏睡过去。四大天王托着马的四足，将太子送出了城，梵
天帝释在前引路。太子出城时，发下宏天大誓："我若不了生死，终不还宫；我若
不成佛道，终不还见父王；我若不尽恩爱之情，终不还见姨母妻儿。"

　　莫高窟第322窟的初唐壁画《夜半逾城》(6-14)，描绘悉达多太子骑在马背之上，
前面是飞天在引导，后面有天女在弹奏相送，而马蹄下有四大天王托举，马儿也奋蹄
向前，动感十足。从马儿跃进的姿态和承托马蹄的四位天王稚嫩可爱的形象来看，原
本紧张的夜遁情节，被处理得舒展轻松，极具戏剧效果。在空中，鲜花在旋转，漫天
的彩云飘浮其间，而四周的飞天上下舞动翻飞，并吹奏着各种乐器，画面十分绚丽，
展现了热烈祥和的气氛，意境优雅。悉达多的生涯从此进入了新的阶段。

六年苦行　　　　　悉达多在天神的帮助下顺利出城，来到森林。他用金刀剃下自己

的胡须和头发，并且说："愿所有的烦恼都随发须而去吧！"佛教教义认为，剃掉胡须和头发，就是削掉人间的一切烦恼。

太子发现自己华丽的衣服不符合出家人的规定，这时，一个猎人穿着袈裟，手持弓箭，来到太子面前。太子问："你是一个猎人，为什么穿出家人的衣服？"那猎人回答说："野兽看到我穿出家人的衣服，就不会躲避我，我就可以射杀它们。"于是太子提出，用自己的华丽衣服换袈裟。其实，穿袈裟的猎人是净居天幻化出的。太子穿上袈裟，像个出家人了。更准确地说，已经具有菩萨的外貌了。

悉达多太子出家，就是为了寻求解脱人生苦恼的途径。应当怎样才能够解脱人生的痛苦呢？他拜访了许多名师。最初，名师教悉达多太子禅定，悉达多太子潜心禅定，但没有取得明显的效果。后来，名师又教悉达多太子通过禁欲苦行，以求解脱。于是他又经历了六年的苦修。莫高窟第 76 窟的宋代壁画《六年苦行》(6-15) 表现了太子结庐修行，结跏趺坐，袒露上身，两手结印，旁边墨书题榜"太子六年苦行处"。

在这六年中，释迦牟尼认为，只要苦修，就可以摆脱人间一切烦恼，达到解脱的境界。太子就在树下居住，身无覆盖，不避风雨，日不转动，身不依靠、不卧倒、不侧转，鸟儿的粪便污秽其身，甚至在他身上筑巢、哺育幼鸟。至于饭食，最初，每日一食；后来，七日一食；最后，

不饮不食。但是，依然一无所获。他最终明白了
一个道理，过度奢侈不能解脱，过度苦行同样不
能解脱。于是他接受了一位牧羊女供养的牛奶，
在尼连禅河中洗去了六年的尘垢。（6-16）

树下坐禅　　当太子夜半逾城外出修行
　　　　　　时，净饭王无奈之下派了五
　　　　　　位大臣陪伴太子。五位随从
陪着太子度过了六年苦修生活，当太子决定放
弃苦修时，五位大臣不解他的行为，以为他已经放弃了修行，就离他而去，继续苦
修。太子恢复体力之后，来到一棵菩提树下，铺上吉祥草，盘腿打坐。他发誓说，
如果我不证得真理，宁可粉身碎骨，永不起身。终于，在一天的黎明时分，悉达多
太子解决了一切疑惑，体悟了能使人脱离苦难的真理，也就是感悟成佛了。从此，
他不再是太子悉达多，而是释迦牟尼佛了。

降魔除怪　　就在悉达多彻底感悟、成佛悟道之时，魔王因为害怕他成
　　　　　　佛，就使出许多方法来捣乱，都被悉达多一一击败。《降魔变》
　　　　　　（6-17）表现了他击退魔王的故事。

　　画面的正中央，是端坐在宝座上的悉达多，他不惊不怖，不动不摇，气度雍
容，犹如金山放大光明。他的四周充满了魔王手下的各种魔鬼，都是些妖魔鬼怪、
魑魅魍魉，面目狰狞，手里拿着各式武器。在上方还有两个魔鬼举着山，掷向悉达
多（6-18），但悉达多的周身似乎被光芒所笼罩着，坚不可摧，一切魔法都对他毫无
用处。

　　在画面的左下方，有三位绝色的魔女。她们衣着华美，神情妩媚，搔首弄姿地
出现在悉达多面前，对他进行诱惑。（6-19）

　　第一个魔女叫特例悉那（爱欲），对悉达多说："世尊，世尊！人生在世，能有几
何？我们结为夫妻，恩爱一生。"悉达多说："我即将修成正果，谁要与你做夫妻！"

　　第二个魔女叫罗蒂（乐欲），对悉达多说："世尊，世尊！你独在深山，多么寂寞。我在你身边，保你欢欢乐乐过一生。"悉达多说："你不来，我就欢乐；你来了，我就不欢乐！"

　　第三个魔女叫罗伽（贪欲），对悉达多说："世尊，世尊！我不敢与你结为夫妻，但是，我能叫你心想事成，想什么就有什么。"悉达多说："我心中想的只有一件事，那就是你快快离开我。"

　　悉达多看那三个魔女不肯死心，妖娆之态不成体统，就训诫她们说："你们形体虽好，心不端正，犹如革囊盛粪，有何可贪。"说着，就用手指点了点三个女人，她们立刻原形毕现，变成丑陋不堪的老太太，也就是在画面右下方的三个丑女（6·20）。那三个丑女痛哭流涕，恳求如来慈悲。悉达多本来慈悲为怀，就把她们变回花容月貌。那三个魔女看到这样的变化，认识到佛法无边，就到悉达多身边，皈依佛教了。

　　魔王见魔女无功而返，十分震怒，便召集所有魔兵魔将、毒虫怪兽，带上毒雷毒箭，或身放烟火，或张牙舞爪，或执戟持剑，恶声震天，向悉达多冲来。悉达多毫不恐惧，施展法力，魔兵魔将的十八般武器都停在虚空，化作五色香花。魔王不甘失败，率众来攻，悉达多身放净光，坚定沉着，魔兵魔将都跌倒在面前。悉达多终于成佛了，这时，天鼓齐鸣，大地震动，神人齐赞。

　　这幅画的表现手法值得注意：第一，采用了"异时同图"的手法，将不同时空

发生的事件安排在同一画面上，却能做到铺排有序，多而不乱；第二，壁画的作者不是根据他所看到的样子去描绘，而是根据他所知道的样子去描绘。重要的人物身材高大，渺小的人物身材短小。画面的中央是身材高大、神态镇定的释迦牟尼，周围是身形矮小、张牙舞爪却又惊慌失措的群魔，他们之间形成了强烈的大小动静的对比。

成佛之后的故事

初转法轮

释迦牟尼成佛之后，开始为众生说法，普度众生。他收的第一批弟子就是原来净饭王派遣来服侍他的五位大臣。前文说过，这五个人看到释迦牟尼进食之后，离开了他。后来，释迦牟尼找到他们，给他们说法。莫高窟第290窟的北周壁画《初转法轮》(6-21) 表现了释迦牟尼说法的情景。释迦牟尼对他们说，享乐纵欲是堕落，禁欲苦修是痛苦，都是不对的。避开这两极，走中间道路，就能够智慧觉悟。五人听后，豁然开朗，皈依了佛，成为第一批比丘。画面中释迦牟尼端坐说法时，不仅有比丘听法，两侧还伏着双鹿，诸天伎乐，载歌载舞。

这件事标志着佛教的产生。佛教有三个基本要素，叫作"三宝"：第一，佛宝，即佛陀；第二，法宝，即佛教教义；第三，僧宝，即五位比丘。就从这一刻起，佛教的三个基本要素都具备了。

降龙入钵

有一天，释迦牟尼听说有迦叶兄弟三人，非常聪慧，准备度化

他们。释迦牟尼来到迦叶家的时候，天色已晚，就向迦叶借宿石室中。迦叶说，石室虽然安静，但里面有一条毒龙，非常危险。释迦牟尼并不在意，坚持入住。进入石室后，释迦牟尼结跏趺坐，进入禅定的状态，毒龙看到有人进室，先是放烟，后又喷火，但释迦牟尼毫发无伤。迦叶看到石室火光冲天，就令弟子灭火。但是，那火越灭越旺。天亮以后，迦叶看到，毒龙的毒心已经被化解，它皈依了佛，并被释迦牟尼安置在钵中了。

第 305 窟的隋代壁画《降龙入钵》（6-22），表现出毒龙被降伏，左右胁侍菩萨在供养的情景。中间是释迦牟尼，他端坐在宝座之上，右手托着装有毒龙的钵，左手罩在钵的上方。而毒龙正盘身在钵中，龙头高昂，似乎正抬头看着释迦牟尼。迦叶和五百弟子都非常折服，于是集体跟随释迦牟尼出家，皈依了佛教。

竹园精舍 佛带着迦叶兄弟三人与上千和尚，一同来到摩揭陀国王舍城，国王叫频婆娑罗。释迦牟尼就给他说法，国王和民众当即皈依佛教。释迦佛度化的第一位国王就是这位频婆娑罗王。

国王说："从今天起，我要供奉世尊和众比丘。就请世尊在竹园居住。"所谓"竹园精舍"，就是在竹林中修建的一处精美的寺院，以便让释迦佛有一个说法的固定地点。那时的印度，僧侣们四处为家，住在林间、洞穴或坟堆里，苦行苦修。而释迦佛首创了精舍制，他和弟子们平时也会四处云游，到了雨季就居住在精舍，共同修习，释迦牟尼就在竹园精舍中说法。

莫高窟第 322 窟的初唐壁画《竹林说法图》（6·23），表现了在竹林中，释迦佛和诸位菩萨、弟子端坐在莲花宝座上的情景。释迦佛表情庄严肃穆地说法，弟子们虔诚沉静地聆听。人物造型真实，线条轻快流畅，色彩艳丽明亮。

佛陀还国 释迦佛离开自己的国家 12 年了。在这 12 年中，净饭王无时无刻不在想念着太子，当得知太子已经成佛，而且已经在各地说法，净饭王就请求佛回到家乡，为大众宣说佛法，度化民众。

从莫高窟第 394 窟的隋代壁画《释迦牟尼说法图》（6·24）中，可以看到释迦佛端坐在莲花宝座之上，手结转法轮印，表示他正在宣讲佛法。他的两边是弟子们和菩萨们。在他的上方，有华盖和菩提树。两侧的弟子跪在花毯之上，双手合十，虔诚听法。整个画面设色艳丽，绿树成荫，流水潺潺，环境优美，意境深远。空中飞舞着飞天，他们手里捧着各种乐器，为佛助兴。

我们在释迦佛的弟子中看到，他们有男有女，有出家僧侣，也有穿着世俗衣服的在家居士。原来，佛教把佛弟子分为两类四种。

第一种是出家男人，就是远离了尘世的被剃度的男人，被称作比丘，就是我们俗称的和尚。第二种是出家女人，就是远离了尘世的被剃度的女人，被称为比丘尼，就是我们俗称的尼姑。传说释迦佛的姨母后来也出了家，是历史上第一位比丘尼。第三种是在家的男弟子，就是不过剃度的僧侣生活，过尘世生活，但在言行举止上遵循佛教的理念，他们叫作优婆塞，我们俗称男居士。第四种是在家的女弟子，同样不过剃度的僧侣生活，过尘世生活，但在言行举止上遵循佛教的理念，她们叫作优婆夷，我们俗称女居士。

佛子出家　　佛陀带着众弟子回国，国王发现许多比丘因为曾经是外道，久修苦行，形体瘦弱，就于豪门中选出 500 个容貌端正、身体健康的人，度为沙门，侍佛左右，以显示佛陀的威德。佛陀同父异母的弟弟阿难陀就在入选之列。此前，阿难陀有一个仆人叫优婆离，拜在佛陀足下，佛已度化他为沙门。阿难陀来后，向佛及诸比丘一一作礼。但到优婆离面前时，心想："他原是我家仆人，身份低贱，我怎么可以向他作礼？"佛陀知道他的想法，说："佛法犹如大海，能容纳百川。佛门中的弟子，只有出家先后的区别，没有贵贱的区别。"阿难陀便消除了傲慢之

图6.26 莫高窟第285窟 五百强盗成佛图（之一）

图6.27 莫高窟第285窟 五百强盗成佛图（之二）

心，向优婆离作礼。

后来释迦牟尼又让自己的儿子罗睺罗出家。罗睺罗出家时还未成年，在佛教中未成年的孩子出家被称为沙弥，罗睺罗就是历史上第一位沙弥。

释迦牟尼派人对太子妃说："太子罗睺罗已经9岁了，应当出家学道了。"太子妃哭了，她说："释迦牟尼以前做太子时，娶我没有几年就出家了，现在，又要我的儿子出家，世间哪有这般残酷的事？"释迦牟尼派人对她说："过去你说过，愿意生生世世做夫妻，我提出条件，如果你愿意和我一起布施，我就娶你为妻。你立誓说，不管什么都愿意布施。为什么现在反悔？"太子妃听到这些话后，就同意让太子出家学佛了。

莫高窟第217窟的盛唐壁画《罗睺罗出家》（6.25），表现了罗睺罗出家的情景。释迦佛坐在莲花宝座上，用慈爱的目光看着罗睺罗，表现出作为父亲的疼惜。罗睺罗身材明显比其他人矮小。他手持一尊宝瓶，躬身向释迦佛行礼，旁边还站着三位弟子。这幅画也如其他盛唐壁画一样，色彩非常绚丽。

救度强盗　　释迦佛在世的时候，不但度化了很多皇亲国戚，对身份卑贱的人也从不放弃。很著名的一个故事就是五百强盗成佛。舍卫国出了五百个强盗，他们无恶不作，最后终于被官府擒获。国王痛恨他们的恶行，就要斩首。强盗在临刑前高呼佛的名字，佛祖知道这些强盗可以度化，就叫阿难去劝说国王不要斩首。但国王痛恨强盗，对他们施以剜眼割鼻等酷刑，然后将他们放逐到荒山野林中。五百强盗在痛苦和绝望中整日哀号，他们的声音传到了释迦牟尼的耳中。释迦牟尼先是用法力吹来了香药，使他们的身体康复，而后向他们宣讲佛法。五百强盗从此洗心革面，成了佛门弟子。

　　莫高窟第285窟西魏时期的壁画《五百强盗成佛图》中，五百强盗（画面上五个强盗代表五百强盗）受到酷刑后，在山野里号哭。他们头发散乱，上身赤裸，哭天抢地，痛不欲生。(6-26)

　　释迦佛开始为他们说法，众强盗跪在佛面前虔诚地听法。五百强盗在听了佛法之后，剃度皈依，都穿上了出家人穿的袈裟，来到山中开始修行。画面上，山林风景恬淡优美，强盗们已洗心革面，皈依佛教。(6-27)

猕猴奉蜜　　　　　释迦佛在传法期间，不但度化人，也度化其他生灵。有一天，释迦佛的钵被一只猴子拿跑了，佛的弟子们想去追回来，被释迦佛阻止了。只见这只猴子爬到树上，将钵中盛满了蜂蜜，然后献给释迦佛，佛没有接受。那猴子又把蜂蜜中的虫子挑出来，再次献给佛，佛依然没有接受。最后猴子把钵洗干净后，盛满了蜜，再供奉佛，佛接受了它的诚意，并问它为什么献蜜。莫高窟第76窟的宋代壁画《猕猴献蜜》表现了佛祖接受猕猴供奉的场景。(6-28)

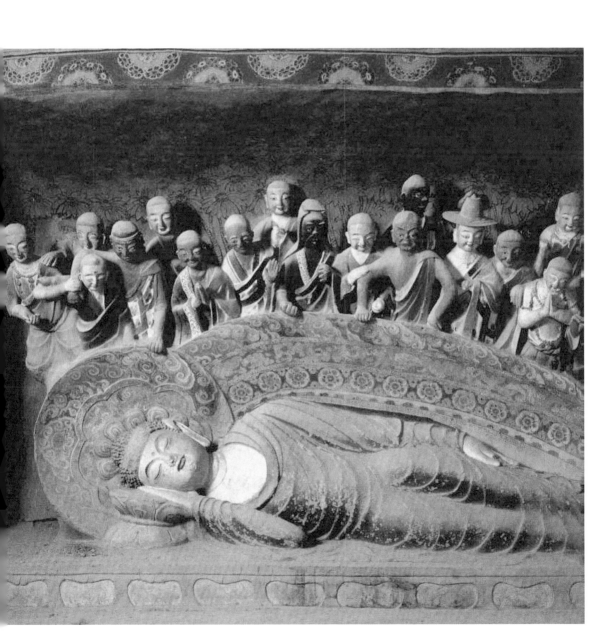

　　猕猴说，它的同伴都被射杀了，只留下它孤零零的一个，求佛祖救度。释迦佛鼓励猕猴，要精修磨炼，才能脱离苦厄。欢喜的猴子又蹦又跳，不小心掉进大坑中摔死了。它死后，因为曾有供奉释迦佛的业报，所以投生在一个婆罗门家里，成人后出家，修得了正果。(6-29)

释迦涅槃　　　　释迦牟尼活到 80 岁，知道自己不久之后即将涅槃。佛教认为，
　　　　　　　　人生在世，不可避免的是生死轮回，这是人生一切痛苦的根源。
　　　　　　　　但是，释迦牟尼是可以避免的。到什么时候就避免了生死轮回呢？就是涅槃的时候。所谓涅槃，就是灭尽了烦恼，解脱了生死。释迦牟尼在最后一次说法之后，就在七宝床上向右卧下，头枕北方，脚指南方，面向西方，背靠东方，到了中夜，佛就涅槃了。

　　释迦牟尼佛神态安详，穿通肩袈裟，枕右手而卧，平平静静，好像睡眠一般，解脱了一切烦恼，进入了不生不灭的境地。龛内画娑罗树，表示释迦牟尼在娑罗树

下寂灭。哀悼的弟子，有的神情平静，有的悲伤不已。（6-30）

　　释迦牟尼入殓以后，四力士用尽神力，抬不起佛棺，后来增加到十六力士，还是抬不动金棺。迦叶说："就是全城所有人一齐抬棺，也休想移动半分。"全城人十分悲哀。佛心生慈悲，于是，金棺自举，徐徐升空，百姓都看到了如来金身。那棺材升空以后，入西门，出东门，绕南门，到北门，在空中行动自由。（6-31）

　　当金棺停在香楼七天以后，就准备举火焚烧，但是，无论怎样将火把投入香楼，都无法烧着。迦叶说："三界火炬，都是烧不着的。"于是，八大力士持七宝炬来，海神持海中七宝大火炬，还是无法烧着金棺。百姓大哭，震动四野，释迦牟尼怜悯众人，从胸中发出火焰，烧了七天七夜，才把金身焚化。（6-32）

　　释迦牟尼金身焚化以后，起了四十九仞宝塔。宝塔上放出光辉，犹如明灯。舍利塔背依群山，释迦牟尼弟子及信众手持鲜花、香料供奉。（6-33）

　　本章讲的所有故事，有些有事实根据，但是被佛教大大地神化了；还有些没有事实根据，是佛教的杜撰。所以，这些故事不是历史，而是神话。一切宗教，都包含着神话的成分。这些壁画的目的，不是要客观地表现释迦牟尼一生的事迹，而是要通过这些神话，表现、宣传佛教思想。

7

前生后世
本生画

所谓本生故事，就是释迦牟尼降生前的故事。

佛教主张灵魂不灭，因果报应，生死轮回。释迦牟尼成佛以前，已经经过了世代善行的积累。本生故事所描绘的就是释迦牟尼前生教化众生的种种善行。释迦牟尼的所谓前生故事，是佛教信徒把优美的神话、童话、民间故事附会到释迦牟尼身上，把人世间的一切善行都说成是释迦牟尼生前所为，把一切恶行都说成是佛教的宿敌外道所为，借以通俗地说明佛教的教义。

敦煌莫高窟本生故事的表现形式大约有以下几种：

单幅式。本生故事往往有复杂的情节，而单幅壁画不表现故事的全部，只表现故事的一两个重要的情节，画成一幅独立的画，如第275窟的《月光王施头》。

组合画式。把故事的核心情节放在画面的主要位置，其余情节放在次要位置，构成一幅完整的图画，如第257窟的《九色鹿本生》。

连环画式。把故事的全部内容，从头到尾，一幅一幅地表现出来，如第428窟的《萨埵太子舍身饲虎》。

尸毗王本生　　释迦牟尼生前的某一世是古代一个国家的国王，名叫"尸毗"。他的国家土地肥沃，风调雨顺，人们丰衣足食。尸毗王心向佛法，仁慈恩惠，发誓要普度众生，保护弱小生命。

有一天，一只鸽子飞到尸毗王的掌上，浑身发抖，说："救救我吧，有一只饿鹰要来吃我。"饿鹰来到，尸毗王对饿鹰：："鸽子虽小，也是一条生命。你不能做伤害生灵的事。你吃了它，它就死了。"饿鹰说："是的，我吃了鸽子，鸽子就死了。可是，我要不吃鸽子，我就死了。大王不是立誓要普度众生吗？难道只应当救鸽子，不应当救我吗？"尸毗王哑口无言。他想了一下，就对饿鹰说："你说得也有道理。我不能救一命又害一命。那你就不能吃些别的东西吗？"饿鹰说："我只吃鲜肉，不吃别的东西。"尸毗王说："没有办法，你就吃我吧！"饿鹰说："既然是人王的血肉，我不敢多要，我只要和鸽子一样重的肉就可以了。"

于是，尸毗王传令左右拿来一架天平。一边放上鸽子，另一边放上尸毗王的肉。尸毗王右腿下垂，左腿盘起，神情肃穆。一人割下他腿上的肉，放到秤盘上，

结果，鸽子重，肉轻。把尸毗王身上的肉一条一条全都割下，依然是鸽子重，肉轻。尸毗王决心把自己都舍给饿鹰，他忍着剧痛，自己跳到天平上，重量恰与鸽子相等。他的行为感动了天神，天神撒下无数的鲜花，饿鹰和鸽子都不见了。在尸毗王的面前，站着帝释天和他的大臣毗首羯摩，他们说："鸽子和饿鹰都是我们变的，来试探大王的。大王苦行苦修，果然功德无量。这样的功德，可做天主。你忍受了如此的痛苦，不知你所求的是什么？"尸毗王说："我今舍身，不为财宝，不为欲乐，不为妻子，不为荣华富贵，亦不为宗亲眷属。只为普度众生，只为佛道。"话音刚落，尸毗王肌肉完好如初，没有一丝痛苦。

第 254 窟的北魏壁画《尸毗王割肉救鸽》(7-1) 很好地表现了这个故事。尸毗王在画面正中，一手托着鸽子，一手扬起，正在阻挡饿鹰。他身躯微微前倾，表现出对众生的关怀和慈善。平静的面容，表现出无畏的大度，在他的左侧，一个面目狰狞的穿短裤的人正在割肉，与尸毗王的平静形成鲜明的对照。尸毗王的形象高大威严，周围的人物形象较小。尸毗王有三个王妃，她们的表情各有不同：第一个王妃紧抓尸毗王的右腿，表情痛苦，好像在极力劝阻；第二个王妃扭过脸去，不忍目睹割肉惨状；第三个王妃双手支颔，似乎为尸毗王的舍生义举所感动。这些都衬托出尸毗王牺牲自己以救鸽子的勇气和决心。

萨埵太子本生

《萨埵太子舍身饲虎》(7-2) 是北周第 428 窟中的一个本生故事。这幅故事图采用"异时同图"的表现形式，就是将不同时间发生的故事情节都置于一个画面之中。

佛的前世曾经是宝典国的三太子萨埵。有一天，国王的三个儿子骑马到山里去游玩，看到一只饿得奄奄一息的母虎躺在山崖下，旁边还带着七只嗷嗷待哺的幼虎。母虎太饥饿了，想吃掉幼虎。三人都很同情它们，但又想不出救助的方法。太子设法支走了两个哥哥，自己卧于虎前，叫那只母虎吃自己的肉。但是母虎太虚弱了，连吃肉的力气都没有。太子只好登上了高高的山崖，先用利木刺身出血，然后跃下山崖，落在虎前，血肉横飞。那母虎虽然咬不动肉，但可以舔血。当母虎舔尽血，便有了力气，吃了他的肉。两个哥哥不见弟弟，回来找他，只见一堆白骨，顿

时不能自持。这时，王宫的母后做了一个噩梦，梦见三只鸽子被鹰夺去一只。夫人感到将有不幸的事情发生。恰在这时，其余两个王子回宫禀报。国王与王后赶到山林，见状痛哭。收拾残骨，起塔供养。

整个故事由 11 个场面构成，上段右起：辞别国王、骑马出游、林中射猎（7-3）、歇马谈心；中段左起：进入深山、观议饿虎（7-4）、以身饲虎、投崖饲虎（7-5）；下段右起：悲恸起塔（7-6）、驰马报信、报告国王。

佛教主张平等、博爱，认为不仅人与人之间是平等的，而且人与虎豹、牛马、鱼虫，都是平等的。佛教宣传舍己救众生，就是对于老虎，也应当保护它的生命。这幅壁画表现了为拯救众生而牺牲自己生命的精神，故事虽然恐怖，但整个画面，青山绿水，没有恐怖气氛，只有一种感人的宗教悲壮。

九色鹿本生　　　　　　　《九色鹿本生》是根据《佛说九色鹿经》绘制的。佛的某一世是生活在恒河旁的九色鹿王，皮毛能变幻出九种颜色，鹿角洁白如雪。有一天，九色鹿在河边散步，突然听到呼救声。原来是一个人不慎掉入河中，在汹涌的波涛中挣扎，仰天呼救。九色鹿跳入水中，将溺水人救上岸。溺水人叫调达，他跪在九色鹿前说："我愿做你的奴仆，采草取水，侍奉你一辈子，以报答救命之恩。"九色鹿说："我这里水草丰盛，不用人侍候。若要报恩，就请你不要把我的行踪告诉别人。"调达对天发誓："我要违背誓言，定遭报应。"

这时在王宫里，国王宠爱的王后在梦中看到一只毛色奇异的九色鹿，第二天，王后托病不起。国王询问，她说："我梦见了一只漂亮的鹿，九种颜色，其角如雪，我想用鹿皮做褥子，用鹿角做拂柄。你赶快派人去捕捉这头鹿，否则我会死掉。"于是，国王派人贴出告示："谁若捕捉到九色鹿，或者报告九色鹿的行踪，我将国土分给他一半，并且赏赐他装满金碗的银豆和装满银碗的金豆。"

溺水人看到告示，背信弃义地向国王告发了九色鹿的行踪，并且带着国王的人马去捉拿九色鹿。当时九色鹿正在睡觉，待它醒来，国王的军队已经将它团团围住。九色鹿向国王说："我已经是你的猎物，无路可逃，我也不准备逃走。只是请

你告诉我，是谁带你到这里来的？"国王指指调达。九色鹿向国王讲述了当初搭救溺水人的事情，以及溺水人的誓言，国王被深深感动，斥责调达的背信弃义，并且下令全国禁止捕杀九色鹿。贪婪的王后羞愧而死，溺水人也全身长疮，发出恶臭，受到人人厌恶，遭到了报应。

这幅第 257 窟北魏时期的《九色鹿本生》（7-7），色彩绚烂，布局尤其奇特精彩。它先从画的左端开始，再到画的右端，故事在中间结束。

画面依次是：左起溺人呼救、鹿经水边、鹿救溺人、跪谢发誓（7-8）、鹿酣睡中；右起王后说梦、国王悬赏、溺人告密（7-9）、率军捕鹿（7-10）、控诉背叛（7-11）。画面中央是故事的高潮和结尾。

魏晋时代，顾恺之提出"以形写神"的理论，这幅作品最精彩的就是对人物神情的表现。一是王后说梦、溺人告密一节，国王坐在中国式的宫殿之中，王妃偎依在国王的身边，溺人长跪在宫门外，合掌向国王告密。王妃撒娇地把右臂搭在国王的肩上，手指似乎在国王的肩上轻轻地叩打，长裙下露出光脚，深刻地表现出王

妃纠缠国王的阴暗心理。二是九色鹿向国王控诉溺人，那九色鹿没有跪在国王前面
乞求，而是昂首挺胸，理直气壮。按照佛经，九色鹿跪着向国王控诉调达的背信
弃义，但在这幅壁画中，艺术家注入了自己的情感，不仅表现了因果报应的佛教思
想，还表现了对舍己救人的赞美。

须达拏太子本生　　　　　　北周第 428 窟的《须达拏太子本生》(7-12)，依据《太
　　　　　　　　　　　　　子须达拏经》绘制，全图分上、中、下三段。古印度
　　　　　　　　　　　　　叶波国的太子须达拏，乐善好施，有求必应。发誓
"有所求索，不逆人意"。常取国库珍藏，布施天下。

　　在他的国家中，有一头白象，力大善斗，能独战 60 头人象，每与敌国交战，
必大获全胜。敌国买通了 8 个婆罗门，要他们向太子索取白象。婆罗门对太子说：
你不是有求必应吗？我们想求你给我们白象，是不是可以呢？于是，太子牵出一头
象给他们。那些婆罗门不要，一定要那头力大善斗，能在莲花上行走的白象。太子

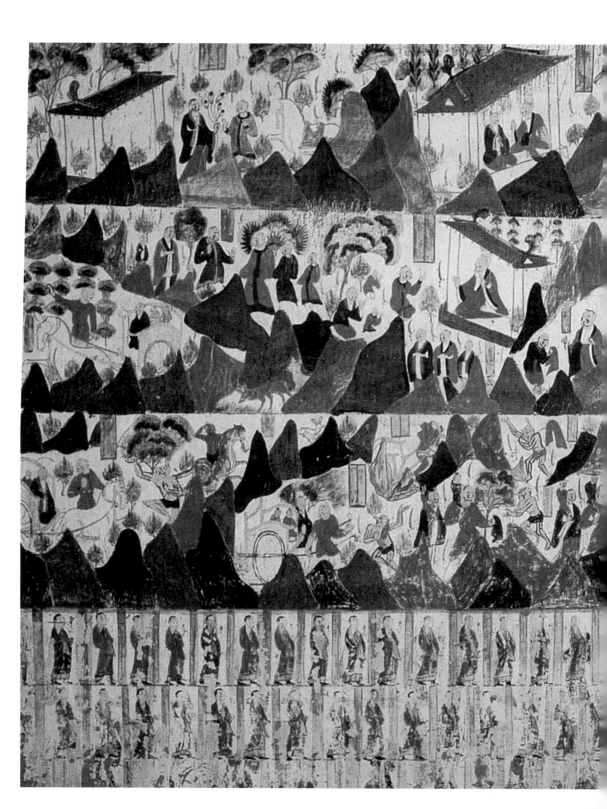

不想给他们。8 个婆罗门手扶拐杖，跷起一只脚，佯装腿脚残疾，乞讨白象。

太子想：我曾经发愿，不违人意，如果不施白象，违背了我的本意，怎么能成佛呢？太子就把白象送给了婆罗门，婆罗门得象，兴高采烈。（7-13）

大臣得知太子把白象送给敌国，就报告国王，说由于太子的施舍，国库空虚，现在又把白象送给敌国，这样下去，是会亡国的。国王震怒，把太子和他的两个孩子驱逐出国，叫他们到深山苦修，闭门思过。太子要求出城前再布施 10 日，国王批准。太子布告四方，布施财物，得财物者欢喜而去。

被国王放逐的须达拏太子携带妻子和儿女，乘坐马车离开叶波国。在路上，婆罗门要马，太子把马给了婆罗门，自己在前面拉车，妻子在后面推车，车上坐着两个孩子。婆罗门又要车，太子把车给了婆罗门，自己背着幼儿，妻子背着幼女，徒步继续前进。（7-14）

婆罗门又来要衣服，太子脱下华丽的衣服施舍给婆罗门。又来一个婆罗门要妻子的衣服，太子又把妻子的衣服施舍给婆罗门。最后，太子把两个孩子的衣服也施舍给了婆罗门。（7-15）

太子一家继续前进。天神化作一个城，城中许多百姓欢迎太子，热情地款待他们。太子不愿意在城中享乐，依然出城，回头一望，那城已经化作虚无。原来这座城是神为了考验太子的意志而幻化出来的。

继续前进，到达檀特山，山下大水挡住去路，太子心悲，水中出现一座大山，把水断开。太子一家入山，那山高耸入云，树木丰茂，群兽出没，一个道人为太子指出山中的住处。太子在山中学道修行，饮泉水、食野果。太子用柴薪为两个孩子各造了一个草屋。两个孩子在水边与群兽共戏，骑着猴子、狮子玩耍。

鸠留国有一个年老、贫困、丑陋的婆罗门，娶了一个年轻貌美的妻子。一天，年轻的妻子出门汲水，受到恶人的调笑，问她为什么要做那个婆罗门之妻。妻子啼哭而归，不再出门，向婆罗门要奴仆。婆罗门出发去寻找太子。太子见婆罗门前来，出门迎接。婆罗门要两个孩子去做奴仆，太子就把孩子送给了婆罗门。那两个孩子躲在太子身后，不愿随婆罗门走。太子的妻子这时正在山中采果，忽然心中思念孩子，便迅速回来。天神成全太子施舍之善心，变作一头狮子挡住了妻子的道路。

　　太子捉住两个孩子的手，让婆罗门用绳子绑住带走。那两个孩子不走，婆罗门用鞭子打他们。途中，两个孩子用绳子绕树，坚决不走，又遭到婆罗门的鞭打。婆罗门的妻子见两个孩子浑身脓血，不能做奴仆，便叫婆罗门把两个孩子卖掉。婆罗门到市场卖两个孩子，因为太贵，没有人买。天神让婆罗门把两个孩子押回叶波国去卖，结果孩子被国王买回宫中。国王知道了太子的下落，十分后悔，就把太子接回了皇宫。太子的行为感动了敌国，从此，两国和睦相处。须达挐仍然布施，直到成佛。

　　壁画表现了从施象到施子的10 个场面，人物形象、衣冠服饰

都是中原样式。以山峦、树木、房屋作为故事情节的间隔，把人物放到一定的环境之中，使画面充满了生活气息。这是早期故事画受到中原绘画影响的一个新发展。

独角仙人本生　　　　我们说过，释迦牟尼成佛之前，父亲是净饭王。释迦牟尼曾经结过婚，妻子叫耶输陀罗。就在释迦牟尼成佛之后，有一次，净饭王请释迦牟尼进宫吃饭。妻子仍然爱着他，就悄悄地给他吃了"欢喜丸"，希望与释迦牟尼再结夫妻情缘。但是，释迦牟尼已经成佛，"欢喜丸"对他毫无作用。弟子们很奇怪，问他原因。于是，释迦牟尼讲了一个故事。

　　在久远的时代，婆罗奈国山中有一个仙人，头上有一角，足似鹿，人称独角仙人。他是人与母鹿交媾而生的仙人，神力无边。有一天，他在山上奔跑，突然下起大雨。因为路滑，摔伤了脚。独角仙人大怒，施展法术，责令龙王在这个地方12年不下雨。旱灾给人们带来了痛苦，庄稼颗粒无收，饮水困难。国王说，有谁破了这种法术，可以与他分国而治。这时，来了一个美貌的女子，名叫扇陀，说：我可以骑着独角仙人来见你。于是，扇陀穿着树皮草衣，装扮成仙人的样子，带着五百辆鹿车，载着淫果、美酒和五百美女来到山中。那独角仙人被五百美女诱惑，吃了淫女扇陀给他的淫果，喝了扇陀给他的白酒，与扇陀淫乱了七天七夜。就在他们淫乱时，独角仙人的法术失去作用，天上下了七天七夜的大雨。七天以后，酒果已尽，但是独角仙人仍然感到不满足，向扇陀索要酒果。扇陀说："这里没有了，我带你去一个地方取吧。"走到半路，扇陀说走不动了。独角仙人说："你骑在我颈上吧，我驮着你走。"扇陀派人禀告国王，国王起驾，迎接扇陀，看见扇陀骑在独角仙人的颈上进城了。国王见旱灾已除，就叫独角仙人回山修行去。那独角仙人厌倦了世俗生活，收心敛性，潜心修炼，恢复了神性。

释迦牟尼讲完这个故事，就问大家：你们知道那个淫女在哪里？那个独角仙人又在哪里？释迦牟尼说：那个淫女就是我的妻子，前世她就是淫女。我的前世就是独角仙人。

北周第 428 窟的壁画《独角仙人本生》（7-16）表现的就是独角仙人驮着淫女往回走，天上已经下雨，地上有许多水，树上有绿叶和果实。这个故事说明释迦牟尼的前世是一个有缺点的人，以后的修行才使他成为完人。

形象佛经
经变画

敦煌石窟中的经变画始于隋，盛于唐。

所谓经变画，就是依据一部佛经的主要内容绘制成的图画。经变画是中国古代艺术家对佛教艺术的独特贡献。虽然经变画起源于洛阳、长安的寺庙，而不是敦煌石窟的首创，但是通过丝绸之路传到敦煌之后，它极大地完善繁荣了。后来，经变画在中原由于各种原因而消失，唯有在漫漫黄沙中的敦煌，还完整地保留着。

佛经是很难懂的。一般人，尤其是对于当时不识字或识字不多的善男信女来说，经变画就是他们了解佛教的捷径，正像西方教堂中的马赛克壁画是西方信徒了解圣经的捷径一样。

敦煌石窟中的经变画很多，《法华经变》《药师经变》《西方净土变》《弥勒经变》《维摩诘经变》等是较为主要的经变画。

《法华经变》　　　　《法华经》全名《妙法莲华经》，是大乘佛教的一部重要经典，也是在中国流传最广、影响最大的佛教经典之一，在北朝至隋唐得到广泛流传。按照佛教教义，成佛的道路十分艰险困难，要经过累世苦修，但是《法华经》告诉人们，成佛有许多简易的途径，如"闻法布施""供养舍利""造塔画像""写经念诵"。《法华经》塑造了一个万能的、大慈大悲的、救苦救难的观世音菩萨的形象。

《法华经变》表现了灵鹫山说法会的场面。在释迦牟尼两侧，是文殊菩萨和观世音菩萨。四周还有众多的听法菩萨。青山绿水，亭台楼阁，一幅天堂美景。释迦牟尼准备说的法就是《妙法莲华经》，它告诉你，如果口念观世音菩萨的法号，就可以避灾祈福，火烧不死，水淹不死，求男有男，求女有女。一句话，你想要什么，就有什么。

《法华经变》的内容十分丰富，兹举三例。

隋代第420窟的壁画《法华经变·商队遇难》(8-1、8-2)，表现了观世音救难的故事。最右端，商旅出发前，跪地祈求平安，一个人正在给生病的骆驼灌药。然后，驮着珍宝丝绸的商队出发了。途中艰难跋涉，翻越戈壁沙漠。骡马冰上不能行走，只好卸货，由骆驼驮上，一匹骆驼失足滚下山崖，脚夫们俯视深谷，惊恐万

图 8-1 莫高窟第 420 窟 法华经变·
队遇难（之一）

图 8-2 莫高窟第 420 窟 法华经变·
队遇难（之二）

莫高窟第 23 窟 法华经变·
草喻品、方便品

分。刚刚越过冰山雪岭，又遇到强盗，商人执弓箭、盾牌与强盗对抗，但仍然不敌而被擒。商人此时口诵观世音菩萨名号，于是，强盗放下兵器，双手合十肃立，交还所抢的货物。

这幅《法华经变·商队遇难》，不但用实际生活解释经文，而且真实地反映了现实生活。古代往来于丝绸之路上的商旅，不但会遇到戈壁沙漠、冰山雪岭，而且会遇到贪官污吏、强盗恶人，商人舍生忘死的艰辛历程，在壁画中得到了真实的记录。

盛唐第 23 窟的壁画内容几乎都是《法华经》，因此有人把第 23 窟叫作"法华窟"。如北壁西侧的壁画《法华经变·药草喻品、方便品》（8-3）即表现了《法华经》的部分内容。

这幅壁画分为上下两部分，上半部分表现药草喻品，下半部分表现方便品。

先看下半部分。人们往往以为成佛要通过十分艰难的途径：出家、吃斋、念佛、苦修等，实际上不是这样的。画面下方，有人跪于塔前，有人翩翩起舞，有人奏乐，有人跪拜，旁边还有几个孩子正在"聚沙成塔"，说明成佛的各种方便的途径。这就拉近了佛国与现实的距离。为了使主题更为鲜明，榜题"造像香花供养音乐供养或称名或礼拜如是人等皆成佛道"。

再看上半部分。画面上乌云滚滚，细雨绵绵。表面上好像表现农夫在赶牛耕地，肩挑庄稼，最后一家人在幸福地吃饭。其实不然，这幅画表现了一个佛教的道理：《法华经》对于这些辛苦的百姓来说，就像天上的绵绵细雨，普润万物，百姓只有接受了佛教的道理，才能摆脱辛苦的生活，得到幸福。

盛唐第 217 窟的《法华经变·化城喻品》（8-4），表现了"化城"的故事。

许多人在修行时，往往半途而废。于是，《法华经》就讲了这个故事。一位商

主带着一群人去远处求宝，要经过数百里艰险的道路。途中"旷绝无人"，"毒蛇恶兽出没"，又无食物。大约走了300里路程，众人感到疲劳和恐惧，产生了半途而废的想法。这时，意志坚强而智慧的商诸（曾经是菩萨），幻化出一座城来，对大家说："你们看，前方有一座城池，城里什么都有，我们可以进城休息，继续前进，就会到达宝地。"果然，城中以七宝铺地，亭台楼阁、园林美食、金银财宝无一不有。可众人入城休息后，谁也不想前进了。那位聪明的导师就把这座城化为乌有，告诉大家，这里只是暂时休息的地方，应当继续前进，不能后退。大家在商主的引导下，继续前进，到达宝地，取回珍宝无数。

这幅画没有严格按照经文把途中的情景表现得阴森恐怖，荒无人烟，而是以丰富的想象，把路途表现得山青水绿。重峦叠嶂的大山中，环绕着蜿蜒曲折的河流，好像一幅美丽的风景画。众多的人好像不是去冒险寻宝，而是在愉快地旅游。

《药师经变》　　《药师经变》也称《东方药师净土变》，据《药师经》绘制而成。《药师经变》是莫高窟经变画中绘制最多的一种，盛唐以后，敦

煌石窟壁画总的说来在没落，但《药师经变》仍然流行。一是《药师经》能够满足人们消灾避难的心理需求；二是《药师经》中说，只要敬奉七佛，读诵此经，燃灯造幡，至诚供奉，就能够"令其国界即得安稳，风雨顺时，谷稼成熟，一切有情无病欢乐，于其国中无有暴恶药叉等神恼有情者，一切恶相皆即隐没"。因此得到统治者的大力支持和推崇；三是《药师经》不仅可以满足人们避灾的心理，还可以满足人们祈福的心理。

可以说，只要你有所要求，药师佛都可以使你得到满足。凡"无救、无归、无医、无药、无亲、无家"之人，只要供奉药师佛，不但可以得救，而且可以心想事成，死后到西方极乐世界去。特别是在社会动荡的时代，人们最关心的是活命，药师佛可使人避免"九横死"，也就是九种不幸的死亡：不治之病而死、纵欲过度而死、被王法所诛死、被火烧死、被水淹死、被恶兽所吃、坠山崖而死、被毒药害死、饥饿而死。

初唐第 220 窟的《药师经变》（8-5）是莫高窟场面最大、人物最多、景物最美、艺术水平最高的一幅《药师经变》。

画面中央是药师七佛，他们头顶华盖，并排站在碧绿池水、五色莲花之上，七佛中央是东方净土教主药师琉璃光如来，双树华盖，宝饰垂幔，彩幡飞舞。在药师七佛左右，八大菩萨穿插其间。宝台两侧是十二药叉。

画面下部，在七佛、八菩萨前面，是盛大的歌舞场面。药师佛前面的宝池中间是大型七层灯阁；灯阁两边，各有一对舞伎，纵横旋转；舞伎两侧，各有一座三层莲花灯树，有二天女点灯烧烛；灯树两侧的平台上，各有一组乐队，共 28 人，他们分别演奏着筝、琵琶、箜篌、排箫、横笛、腰鼓、羯鼓等。（8-6、8-7）

画面宏伟壮阔，简洁明净，人物端庄优雅。药师七佛，庄重慈祥；净土八菩萨，文静矜持；十二药叉大将，勇猛威武；两队乐伎，声情并茂；四位舞伎，窈窕美丽。

《西方净土变》　　　所谓"净土"，就是佛居住的土地，庄严、洁净、美好，也叫作西方极乐世界。"净土"是相对于"秽土"而言。所谓"秽土"，就是现实的人所居住的土地，充满了污浊。佛经说如果一个人生活在"秽土"上，通过修行，来世可以生活在"净土"之中。

什么叫《西方净土变》呢？大乘佛教有三部主要的经典：《阿弥陀经》《无量寿经》《观无量寿经》，这三部经典被称为"净土三经"。《无量寿经》主要宣扬阿弥陀佛和西方极乐净土的由来；《阿弥陀经》主要宣扬西方极乐净土的美妙、快乐；《观无量寿经》主要宣扬进入西方极乐世界的方法。依据"净土三经"所绘制的图画，即《阿弥陀经变》《无量寿经变》《观无量寿经变》，统称为《西方净土变》。

阿弥陀佛统治着西方的极乐世界。凡是虔诚地尊信他的佛教徒，死后都可以来到西方极乐世界。这种对阿弥陀佛的信仰，在我国古代极其盛行，所以，对西方极乐世界的描绘是经常出现的佛教绘画题材，在莫高窟大约有 300 幅。

《西方净土变》是莫高窟最早出现的经变画。隋唐以前，凡是表现莲花、宝池以及三圣说法图的壁画，都可以看作早期的《西方净土变》。

莫高窟第 320 窟盛唐时的《西方净土变》（8-8）描绘了西方极乐世界的场景。

正中庄严端坐的是阿弥陀佛，正在为大家说法。他的周围是来自十方的诸位佛

和菩萨。所谓十方，是佛教中的一个空间概念，就是不同方位地域的总称。下面的乐队和舞伎，正在为这场盛会助兴歌舞。整幅画表现了极乐世界的繁丽和美好。

极乐世界有什么？佛经中说："琉璃为地，金绳界道，城阙宫阁、轩窗罗网皆七宝成。"壁画把佛经描绘得更加形象：金楼玉宇，仙山琼阁，满堂丝竹，尽日笙箫，佛坐莲花中央，左右环绕神仙。座前乐队，钟鼓齐鸣。座后彩云缭绕，飞天散花。地上奇花异草，花团锦簇。

汉末至隋，连年战争，又加灾荒瘟疫，百姓生活在水深火热之中，苦不堪言，所以佛教壁画也多是表现灾难的故事，宣扬不怕痛苦、勇于牺牲的精神。随着隋唐盛世的到来，人们的生活日益安定富足，这种描绘痛苦灾难的画面越来越少，取而代之的则是表现西方净土的佛国世界的美好场景。

初唐第 220 窟的《阿弥陀经变》(8-9)，是莫高窟规模最大、艺术水平最高的《阿弥陀经变》，高 3.45 米，长 5.4 米，总面积达 18.63 平方米。

阿弥陀佛因为能够发出无限量的光，照亮四面八方，所以也叫无量光佛。因为他的寿命也是无量的，所以又叫无量寿佛。

怎样才能到达西方极乐世界呢？阿弥陀佛告诉人们，成佛有非常简单的方法，不必进行艰苦的自我修行，只要虔诚地念诵"阿弥陀佛"就可以了。生前天天念诵"阿弥陀佛"，当你死去之时，阿弥陀佛就会带领众圣贤出现在你面前，并且带领你到西方极乐世界去。如果你不喜欢天天诵念，只要念诵七天就可以了，或者当你遇到危难时念诵就可以了。这是多么轻松的一件事情啊！所以，阿弥陀佛格外受到人们的欢迎。在当时，人们用一切手段，包括铜铸、泥塑、石刻、刺绣等，制作阿弥陀佛的像，不论僧俗，经常念道"阿弥陀佛"。明代记载："家家弥陀佛，户户

观世音",直到今天,有人还把"阿弥陀佛"作为逢凶化吉的口头禅。

白居易晚年,身患诸种病症,备受煎熬,便信奉佛教。看佛经吧,眼睛看不见。到庙里烧香吧,又走不了道。怎么办呢?有一个省事的办法,就是口念"阿弥陀佛",不写诗也要念。他写道:"余年七十一,不复事吟哦,看经费眼力,作福畏奔波。何以度心眼?一句阿弥陀。行也阿弥陀,坐也阿弥陀,纵绕忙似箭,不废阿弥陀。……达人应笑我,多却阿弥陀;达又作么生?不达又如何?普劝法界众,同念阿弥陀!"

《阿弥陀经变》大致可以分为三段。下段为地面,中段为水国,上段为天空。最重要的是中段,在七宝池上有楼阁,中间有三位神仙,叫作"西方三圣":阿弥陀佛居中盘坐在莲台上说法,在他的两旁,有观世音菩萨和大势至菩萨。在"西方三圣"的周围,听法的神仙有150余位。池中有大如车轮的莲花,菩萨就是从莲花中诞生出来的。(8-10、8-11)

下段为地面,除了金沙铺地、琉璃合成之外,还有盛大的歌舞场面,两侧方形大地毯上坐着两组乐队16人,一对舞伎头戴宝冠,项饰璎珞,身穿长裙,手持舞带,翩翩起舞。就连鹦鹉、孔雀都踏歌而舞,一片歌舞升平的欢快场面。

《无量寿经变》是根据《无量寿经》绘制而成的。

《无量寿经》与《阿弥陀经》的主要区别就在于《无量寿经》强调"三辈往生"。什么叫"三辈往生"呢?就是一个人死后到西方极乐世界的三个等级、三种方法。

最高级的叫作上辈往生。上辈往生的条件有二:一是沙门,二是一心专念无量寿佛。临终,由无量寿佛亲自来迎接到西方极乐世界去。

其次叫作中辈往生。中辈往生者是没有出家的信徒,能修诸功德,一心专念无量寿佛。临终,由无量寿佛的化身来迎至西方世界。

最次叫作下辈往生。下辈往生者也是没有出家的信徒,没有条件修功德,只能一心专念无量寿佛。临终,能梦见无量寿佛,死后自己往生。

佛经说,到西方极乐世界的人,都是从莲花中诞生出来的。因此,"三辈往生"在壁画上的表现方法是莲花池中有许多童子坐于莲花之上,就是表示亡者已经到了

西方极乐世界，变成了菩萨。

盛唐第 172 窟的《观无量寿经变》（8 12）是根据《观无量寿经》绘制的，它是《阿弥陀经变》的发展。通过说法会的盛况，重楼深院，歌舞升平，描绘了西方净土世界的情景。

如前文所述，《观无量寿经变》《阿弥陀经变》《无量寿经变》的共同点在于它们都描绘了西方净土世界，因此都可以称作《西方净土变》。

《观无量寿经变》与其他两种经变的不同点在于它除了在中央部分描绘西方净土世界，还在画面的两侧表现了《观无量寿经》"序品"和"十六观"。

《观无量寿经·序品》讲了"未生怨"的故事：印度摩揭陀国频婆娑罗王有一个太子叫阿阇世，他听从恶友调达的教唆，篡夺王位，将父亲幽禁在九重深牢之中，欲将国王活活饿死。国王吃了王后偷偷带去的食物，叫佛的弟子为他说法受戒。结果，经过 21 天仍然安然无恙。阿阇世太子知道是王后所为，大怒，钉死父王，又要持剑杀母。大臣苦劝方才作罢，改为囚禁。

为什么太子要杀国王呢？这是由于前世的因缘。当年国王年事已高，膝下无子，就请相师占卜。相师说，山中有一个坐禅的道人，三年之后他将来投胎。于是国王就派人切断了修炼道人的粮草和水源，道人死后数月，王后仍然没有身孕。国王大怒，把相师抓来问罪。相师说，此人功德尚未完满，现在投身为白兔，白兔死后，他就要来投胎了。国王急不可待，派人抓住白兔，用铁钉钉死。王后终于怀孕，降生后，名为阿阇世。虽然父母百般宠爱，但是太子长大之后，却要杀害父母，这是因果报应，不可避免。

王后被囚，每日拜佛，佛与目连、阿难每日来王宫为她讲述摆脱尘世烦恼、离开现实污土、看到极乐世界的方法。其实，这也是佛教信徒想知道的，壁画让人们看到，到达西方极乐世界的"十六观"，即十六种方法。换句话说，到西方极乐世界不是仅仅听说法就能够达到的，而是要用"想观"的方法，就是在想象中去观看，也就是凝思聚神，静观一物，幻想进入西方极乐世界的意念。

《观无量寿经变》内容丰富，故事性强，充分展现了古代画师的丰富想象和高超技艺，这幅经变画是莫高窟的杰作。

《弥勒经变》　　　　壁画《弥勒经变》是根据《观弥勒菩萨上生兜率天经》和《佛说弥勒下生成佛经》绘制而成。榆林窟第 25 窟的《弥勒经变》(8-13)，根据《佛说弥勒下生成佛经》绘制，表现了弥勒降生之后的繁荣景象。那时，人寿八万四千岁，女子五百岁出嫁；龙王的宫殿就在城池之中，常常半夜降微微细雨，行人往来，没有尘土；城中只有安乐，没有盗贼，没有衰老，没有水火，没有刀兵，没有饥馑，没有病害；人总是要死的，但死前没有痛苦，自己走进坟墓。

我们选取几个主要的故事，对《弥勒经变》的局部做出说明。

《弥勒经变·婚嫁》(8-14)，是根据经文中女子五百岁出嫁绘制的。宅第门外设帷帐，帐内宾客坐饮，帐前举行婚礼，新郎五体投地，跪拜宾客，新娘盛装在侧，还有人在音乐的伴奏下舞蹈。

《弥勒经变·耕稼》(8-15)，表现了耕地、播种、收割、扬场等场景。

《弥勒经变·墓园》(8-16)，在《弥勒经变》的中左部。在西方极乐世界，人在将要死亡时，就自己走入坟墓。画面上有一个老人，白发白须，手握藤杖，正自己走入坟墓。墓室内有山水屏风，墓室外有绿树红花，景色宜人。送别男女，情感各

异。有一位妇人，趋前抚颊，容颜悲戚，老人紧握其手，依依惜别。左侧一男子，掩面哭泣，离愁别恨，情意绵绵。

人们向往太平盛世，生活丰裕，和平安定，《弥勒经变》所描绘的正是一个理想社会，因此受到人们普遍的欢迎。

《维摩诘经变》　　《维摩诘经》是大乘佛教的重要经典之一，《维摩诘经变》在莫高窟从隋代到宋元 500 余年间，共有壁画 68 铺。《维摩诘经》共分 14 品，我们要介绍的是"文殊师利问疾品"。前文说过，在佛教中，修行的人可以出家，叫作比丘，就是我们俗称的和尚；也可以不脱离世俗生活在家修行，就是居士。在古代的印度，最著名的一位居士是维摩诘。他不但精通佛法，而且口才极好，博学善辩。在佛教传入中国后，维摩诘成为中国历代文人学士的偶像，深受推崇。我们熟悉的唐代大诗人王维，名维，字摩诘，就取自维摩诘。

其实，维摩诘本来是一位菩萨，为了度化众生，变成一位长者来到尘世。维摩诘有两大本事，一是善于智度，二是通达方便。所谓善于智度，就是说他精通大乘佛教哲理，善于辩论，即或是释迦牟尼手下的大菩萨、大弟子都惧怕他三分；所谓通达方便，就是说他可以利用大乘佛教的哲理，为自己的所有行为进行辩解。他有许多与出家人不同的行为，例如，佛教徒不许有私人财产，可是他却资财无数，说是为了"摄诸贫民"；佛教徒不许娶妻立室，可是他妻妾满室，为的是"常乐远离"；佛教"不礼王者"，他却出入宫廷，交接权贵，为的是"正化宫女"。更有甚者，他跑赌场，入酒肆，逛妓院。总之，他有被佛教认为是大恶，死后要下地狱的行为。但是，维摩诘精通佛法，辩论起来，把自己的种种"恶行"都与佛法统一起来，比如他说"入诸淫窟"是为了"示淫之过"。

据佛经记载，一次维摩诘在家装病，国王、大臣、长者、居士等数千人都去探望他，维摩诘便乘机为他们说法。释迦牟尼知道维摩诘装病，就派十大弟子、四大菩萨前去问病。谁都知道维摩诘的辩才，没有人敢去。最后，释迦牟尼派文殊菩萨前去。按照佛经的说法，文殊曾经成佛，后现菩萨身，协助释迦牟尼弘扬佛法。在诸多菩萨中，文殊菩萨智慧辩才最好，所以敢承佛旨。文殊菩萨就在菩萨、弟子、天人的簇拥下，前去探望维摩诘。探病期间，文殊菩萨和维摩诘就佛教问题展开了探讨和辩论。这个故事因为精彩激烈而常常入画。

东晋时期的大画家顾恺之就曾画过一幅维摩诘像，名动一时。东晋都城的瓦棺寺要落成了，和尚请达官贵人来布施，别人捐钱，最多十万，顾恺之大笔一挥，写上捐钱一百万。顾恺之素来贫困，大家都以为他在吹牛，和尚也请他勾去，顾恺之说："给我准备好一面墙壁就行了。"只见顾恺之关上大门，来来去去一个多月，画出一幅维摩诘像。画中的维摩诘正在与文殊辩论佛教教义。将要点眼睛时，他对和尚说："第一天来看画的人，要布施十万；第二天，要布施五万；第三天，就让他们随便捐钱吧！"等到开启门窗，只见满室生辉，观者如云，很快就捐钱百万。这幅画像之所以引起如此轰动，最根本的原因，不是眼睛点得怎么好，而是画出了当时士大夫的风貌，也就是"清羸示病之容，隐几忘言之状"。神仙是什么样子，谁也不知道。顾恺之首先把当时士大夫的形象变成了神仙的形象，在士大夫看来，自己成了神仙，所以这幅画受到极大的欢迎。这是顾恺之在艺术上的创造。后来许多著名的画家纷纷模仿，终不及顾恺之。过去画佛教中的神仙，因为佛教是从印度传入的，因而神仙都像印度人。顾恺之在佛教艺术中国化过程中做出了杰出的贡献。

可惜，顾恺之所画的《维摩诘像》我们今天已经看不见了。不过莫高窟初唐第220窟的维摩诘像（8-17）至今犹存，画中的维摩诘坐在胡床之上，身披氅裘，手中挥着麈尾。他的身体微微前倾，双眉紧锁，双目炯炯有神，似乎正与对面的文殊菩萨激烈地辩论。比起周围的其他人物，维摩诘的皮肤，尤其是面部皮肤，因为用红色进行了晕染，立体感很强，有种呼之欲出的感觉。

《维摩诘经》一传入中国，立即受到极大的欢迎，维摩诘成为朝野僧俗追求的对象。统治者喜欢他，因为他既可以腐化奢侈，又崇信佛法，维摩诘的形象是统治者与佛教的一种融合。文人喜欢他，因为他既想信佛，又不出家，既有恶行，又标榜清高，经纶满腹，善于辩论，就是理想的文人形象。不守清规的出家人自然也喜欢他。古代画师以丰富的想象力，把这个子虚乌有的故事，描绘得生意盎然，妙趣横生。

度化众生
因缘画

第九讲

释迦牟尼要经
过无数次的善行转
世，最后才能成佛。
因而，为释迦牟尼
前世今生而献出生
命的国王、王子、
大臣，甚至是献出生命的动物，例如鹿王、狮王、猴王、象王等，他们的善行，就
叫作"因缘"。因缘故事与本生故事的区别在于：本生故事只讲释迦牟尼本人生前
的故事，而因缘故事不但讲释迦牟尼成佛以后度化众生的故事，而且还讲佛门弟
子、善男信女前世和今世的故事。

因缘故事较多，只讲主要的几个。

《沙弥守戒自杀因缘画》　　北魏第 257 窟的《沙弥守戒自杀因缘画》，是佛教戒律
画的代表作之一，是根据《贤愚经》绘制的。

在古代印度安陀国，当地的习俗是高僧及其弟子的饭
食由有钱的居士供给，每日按时送到庙里。有一天，居士一家到朋友家赴宴，家中
只留下 16 岁的小女儿，她忘记了送饭。已到傍晚，小和尚到居士家敲门取食。小
姑娘看到眉清目秀的小和尚，一见钟情，拉着他撒娇挑逗，要与其婚配。小和尚无
法脱身，就说：我到屋中礼佛以后，再来婚配。他进屋以后，反锁门户，刎颈自
杀，以身殉教。少女久等不出，破门而入，见小和尚身亡，放声恸哭。

按照法律，和尚死于俗人家中，这家人要缴纳罚金一千，居士交了罚金。国
王知道了此事，对在场的臣民说："少女正值芳龄，如花似玉，谁不动心，和尚严
守戒律，不为女色所迷，实属罕见。"国王赦父女无罪，亲自用檀香木火化了和尚，
建塔供奉。

《沙弥守戒自杀因缘画》由东向西，一共表现了 5 个情节：小和尚剃度出家，
站在身后的是他的父亲（9-1）；老和尚吩咐小和尚乞食，少女对小和尚一见钟情
（9-2）；小和尚自杀，少女哀痛（9-3）；少女父亲向国王交罚金（9-4）；国王深受感动，

为小和尚造塔，永远供奉（95）。

十六国和南北朝时期，北方少数民族的统治者与高僧勾结，淫乱成风，戒律松弛，这样的壁画是为了教育佛门子弟，维持佛门的圣洁。

《须摩提女请佛因缘画》　《须摩提女请佛因缘画》是根据《须摩提女经》绘制的。在古印度的舍卫城，有一位长者，叫善给。在古印度的满富城，也有一位长者，叫满财。二位长者私交甚好，都是家财万贯。善给有一个女儿，叫须摩提女（意为善意），有沉鱼落雁之貌，闭月羞花之容。满财有一个儿子。满财请求善给将女儿嫁给自己的儿子。善给没有答应，因为女儿像父母一样信奉佛教，而满财和他的儿子信仰六师外道。善给说："小女若嫁，得先问问佛祖是否同意。"

善给焚香禀告佛祖，佛祖说："须摩提女嫁到满富城，可以弘扬佛法，婚事可行。"

婚礼那天，满财家用丰盛的宴席招待本城 6 000 人。那 6 000 人都是外道六师的门徒，半裸身体，丑陋粗野，吃肉酗酒，不知礼法。满财叫须摩提女向 6 000 人行礼，须摩提女因为他们举止粗野，拒绝行礼，闭门高卧。满财很没有面子。这时，有一个得道高士来访，高士听说须摩提女是释迦牟尼的弟子时，便说："你能

够娶佛门弟子当儿媳，很不简单，只要你信奉佛教，请佛祖来说法，你的儿媳一定
会敬奉你的。"满财听从了高士的意见，向须摩提女提出："我能见一见尊师吗？能
够请释迦牟尼来赴斋说法吗？"于是，须摩提女沐浴更衣，登上小楼，焚香请佛。
香烟飘到佛处，佛便同弟子各显神通，分别乘着花树、青牛、蓝孔雀、金翅鸟、琉
璃山、飞龙、白天鹅、黄虎、青狮、白马、大象等飞来满财家赴斋说法……最终征
服了全城的百姓，那些六师外道都皈依了佛教。

　　第 257 窟的北魏壁画《须摩提女请佛因缘画》有十几个情节，如：须摩提女闭门
卧床和焚香请佛（9-6）；满财向外道赔礼道歉（9-7）；周利槃特乘五百青牛飞来（9-8）；
迦匹那乘五百金翅鸟飞来（9-9）；须菩提乘五百琉璃山飞来（9-10）；释迦在天龙八
部、四众弟子的簇拥下，乘坐莲台，飞空而来（9-11）。

　　画面里故事的顺序不是按照佛经，而是画家为了造成激动人心的艺术效果而安排的。飞翔的天鹅、孔雀、飞龙，善奔的狮子、猛虎、骏马，笨重的青牛、大象，还有高山、花树，穿插在一起，使整个画面有飞腾的动感。所绘动物，不求形似，而求神似。如果不熟悉这个佛教故事的人欣赏这幅画，很难理解它的内容。著名画家张大千也没有识别它，把它定名为《赴会神仙》。直到 1973 年敦煌研究院施萍婷经过缜密考证才定名为《须摩提女请佛因缘画》，在莫高窟仅存一幅。

《难陀出家因缘画》　　　　难陀热恋着美丽的妻子孙陀利。一日，释迦牟尼佛来乞食，并叫难陀将饭送到佛的住处。佛将他幽闭净室，剃掉他的头发，让他出家为僧。难陀怀念美丽的妻子，

偷偷回家。释迦牟尼发现，将他唤回，严加训斥。

释迦牟尼领他去游天宫。天宫美女无数，比孙陀利美丽千倍万倍，说在等一个叫难陀的人出家来做她们的丈夫。难陀心花怒放，为了早日升天，勤学苦修。佛知道难陀修行的动机不纯，又领他去看地狱。各种酷刑，惨不忍睹，有一锅油烧得滚开，狱卒说人间有一个难陀，淫欲多情，他死之后，就要到这个油锅中烹炸。难陀毛骨悚然，对佛说，不为升天，只求不下地狱。佛见难陀看破红尘，就为他说法，7日后难陀成为罗汉。

北魏第254窟的壁画《难陀出家因缘画》(9-12)，表现释迦牟尼正在说法，神情威严，弟子们表情清苦，年轻的难陀与妻子难分难舍。画面两侧下方，各画有一个小房子，小房子前有一个女人，那就是难陀的妻子。他们紧紧拉着手，不肯放松，暗暗垂泪，把难陀和孙陀利表现得极富人情味。这不仅说明难陀与孙陀利"世情未尽"，也说明画家"世情未尽"。

石窟壁画中多有表现"戒色防淫"的内容，是僧尼坐禅的直观教材。

说营造

石窟建筑

佛教来自印度，石窟也来自印度。印度气候炎热，每年 5～10 月为雨季，佛教徒外出化缘，传经讲道，都有一定的难度。所以他们选择依山傍水之地，开凿石窟，修行坐禅，讲经说法。早期的敦煌石窟往往是印度石窟的模仿，所以敦煌石窟不同于内地的佛教寺庙。

敦煌石窟是建筑、雕塑与壁画共同构成的三位一体的石窟艺术。

我们所说的石窟，首先，不是自然形成的岩洞，而是人工建成的建筑。其次，不是一般的建筑，而是建筑艺术。因此，所谓石窟艺术，就是指根据宗教需要开凿在山崖间的石窟寺庙，既是人们为佛建造的精舍，也是信徒从事宗教活动的场所，还是人与神交流的空间环境。石窟里应当存在两个主体：一个是供人膜拜的佛像，一个是膜拜佛像的信徒。前者是神，后者是人。

据佛经上说，释迦牟尼在世时，就在山中石窟中坐禅。山林远离城市的喧嚣，清静的环境便于思考。莫高窟第 285 窟的修禅图（10-1），表现的就是僧人在山间草庐中，闭目沉思、充耳不闻、视而不见，进入忘我的境界。

最初的石窟造型简单，还不能说是石窟艺术。后来，有了壁画和彩塑，就成为表现宗教情感、具有审美功能的石窟，进入了艺术的范畴。

石窟在创造膜拜氛围、传播宗教教义上起到了重要的作用。一个行走在丝绸之路上的旅人，越过漫漫黄沙，进入这样的洞窟，感受到洞窟中的佛经氛围，身心都被佛教情感所感染，好像日思夜想的西天极乐世界就在眼前。

敦煌石窟的营造过程　　　敦煌的石窟是将印度的石窟艺术与华夏中原艺术相结合的产物，而这种结合不是一蹴而就的，它经历了"初创—繁荣—衰败"的过程。

莫高窟营造的初创在十六国和北朝时期，经历了北凉、北魏、西魏、北周等朝

代。早期的敦煌石窟保留了较为明显的外来风格，又与中原风格有了初步的融合，产生了独特的风格。其中最重要的是北凉三窟，即第 268 窟、272 窟和 275 窟，这三个洞窟体现了初建阶段的特征。

　　第一个特征是禅房窟。禅房窟源于印度毗诃罗式窟，所谓毗诃罗，就是僧房、僧院，也叫作精舍，既是出家人生活之处，也是修行之处。

　　第 268 窟（10-2）的禅房窟，中央是一个长方形的过厅，后壁开一小龛，内有交脚佛像，窟顶为连续的浮塑图案。在狭长的主室南北两侧各有两个禅室，供僧人禅修。第 268 窟是集禅房、佛殿与讲堂于一体的石窟，是印度建筑与中国建筑的有机结合。

　　第二个特征是殿堂窟，代表是第 272 窟和第 275 窟。

　　第 272 窟（10-3）是一个方形的洞窟，窟顶与后来的覆斗形顶相似，顶部中央为

方形藻井，最外层的边框转45度，共有三层叠进，内层较外层上升，表现出叠压关系。这种藻井形式来自西域，但覆斗形制来源于中国的传统殿堂建筑。

第三个特征是中心柱窟。建于北魏的第254窟（10-4）为典型的中心柱窟，特点是主室呈长方形，洞窟中央后部有一座象征佛塔的方柱，上部与窟顶相连，方柱四面开龛造像，一般在正面开一大龛，其余三面分上下层各开一小龛。中心柱占据着洞窟后部的主要空间，环绕中心柱形成一个回廊，供信徒环绕塔柱右旋观瞻和礼拜。洞窟前半部较为开阔，顶部为中国式的人字披顶，后部为平顶。中心柱窟往往在门上部有明窗，用以采光。

中心塔柱把洞窟变成前后两个空间，前部用于膜拜，因此中心塔柱的正面龛内的佛像功能是供人膜拜，具有较多的神性；后部是供行的甬道式空间，左右和后面的佛像主要的功能是供人观像，具有较多的人性。从内容上看，正面龛内大多是说法的佛像，而侧背的龛内则是反映释迦牟尼人生经历的苦修佛和禅定佛。

信徒在中心塔柱前跪拜时，似乎看到了天国。当信徒沿着中心塔柱绕行时，似乎沿着须弥山在攀登，就要进入天国。

中心柱式石窟中，大的佛龛，特别是洞窟的主龛，需要浮雕出龛梁、龛楣和龛

柱，并彩绘图案。龛梁的两端塑造出龙首或兽首，浮塑的龛梁就作为龙的身体，龙首往往回首向上，形象生动。

早期的中心塔柱式石窟是对塔庙形佛寺的模仿，到了隋唐时期的佛寺院落，塔已经不占主导地位，被佛殿所取代，窟形以殿堂式为主。

第四个特征是覆斗顶窟。第249窟正面开佛龛，窟顶由四壁向中心呈斜坡形，中心是一个藻井。（10·5）

覆斗顶窟这一形式，在印度和中亚都很难找到，在敦煌却比比皆是。有人认为它是对中国古代"斗帐"的模仿，在汉代墓室中就出现了覆斗式建筑，还绘制了东王公与西王母，这与第249窟南北披的内容非常一致。

早期的石窟制式是多样的，未能一致，这说明对怎样把西域和印度的石窟形制与中原艺术结合起来，还没有找到合适的方法，还处于初创阶段。

隋唐迎来了莫高窟发展的繁盛。隋王朝统治者奉佛、崇佛，因而天下之人崇敬佛教，营建寺塔，开窟造像。这种空前高涨的崇佛浪潮也影响到了敦煌，据史籍记载，开皇十三年，"瓜州于崇教寺起塔"。隋代，敦煌叫作瓜州，崇教寺就在莫高窟。

隋代石窟营建的特点一是数量大，二是形制多样，三是佛龛形式变化多，四是壁画内容丰富。从艺术风格来说，就是进一步的民族化。

隋代虽然坚持建造中心柱式的石窟，但是很少与前代雷同，充满了创新精神。例如第303窟（10·6），中心柱被改成须弥山形。下部为方形塔，四面开龛造像，上部则为倒圆台形，分六层阶梯状向下收紧，这是表现佛经上所说上广下狭的须弥山。在须弥山与下部方形塔的连接处，浮雕四条龙。

隋代的中心柱窟还有一种新的形式，如第427窟，主室中心柱不开龛，贴壁塑出一佛二菩萨的三尊像，主尊像超过4米，震人心魄。（10·7）

隋代的石窟制式更多的还是覆斗式。初创阶段的覆斗式仅仅在正面开龛，到了隋代，不但在正面（西壁）开龛，而且在南北两侧各开一龛，龛内佛像一共三尊，表现过去、现在和未来三世佛像，即燃灯佛、释迦牟尼佛和弥勒佛。第420窟就是典型的三壁三龛形式窟，其中正面采取双层龛形式，就是佛龛向内收紧一层，这样佛龛内可以表现一佛二弟子四菩萨的组合。（10·8）

　　到了唐代，洞窟的制式逐渐集中在中心柱式和覆斗顶式，并且开创了新的洞窟制式，即大像窟和涅槃窟。

　　大像窟是唐代前期非常引人注目的洞窟。第 96 窟内有高 35.5 米的大佛像，估计当时已经突破崖壁的顶部，只能在大像外造窟檐来保护佛像。唐代修造为四层重檐，五代重修为五层，清朝末年重修为七层，中华民国时期再次重修，改为九层，俗称九层楼。（10-9）

　　涅槃窟如盛唐所建的第 148 窟。此窟为长方形，洞窟西侧设高约 1 米的佛床，上有长达 14.5 米的涅槃佛像。窟顶为券顶，洞窟南北两壁各开一深龛。（10-10）

　　这种窟形来源于中国古老的墓室建筑。人们进入长方形的涅槃窟，就好像进入了棺椁内，却没有进入棺椁内的恐惧感和悲哀感，因为在佛教看来，所谓涅槃，就是通过修行断灭生死痛苦获得的一种精神境界。在艺术造型上，涅槃后的释迦牟尼安然恬静地躺在佛床上，右手托着丰满的面颊，抿着微微上翘的嘴唇，平静中带着一丝发自内心的愉悦。

　　安史之乱后，敦煌没有传承唐代前期的豪放气魄和灿烂风采，艺术风格程式

化，人物形象追求形似，洞窟艺术开始衰败。

元代敦煌新建的洞窟主要为覆斗顶形。当然，并不是说没有丝毫成就，例如第 465 窟（10-11），分为前室、中室与后室。后室为主室，中央有四级圆形佛坛，壁画为藏传佛教的曼荼罗（10-12、10-13）。这些以前都未曾出现过。

敦煌石窟可谓一窟一样，丰富多彩。朝代间既有继承又有创新，即使是同一个时代相同的形制，也不是简单的重复，总有或多或少的变化。

敦煌石窟的营造者

在古希腊，人们认为艺术家是手艺人，他们虽然创造了名垂青史的作品，却与低贱的工匠一样默默无闻。中国的状况与古希腊相似。谁都承认敦煌石窟艺术是光辉灿烂、名垂千古的杰作，但是创造这些作品的人在当时却是低贱的。

洞窟的建造，需要窟主、施主与工匠三方面的合作，但传于后世的只有窟主与施主，没有工匠。

窟主，顾名思义，即洞窟的主人。莫高窟的窟主既有高僧、官宦，也有僧俗百姓。一个洞窟的窟主可以是一个人、一家人，也可以是几个人、几家人。

施主，主要是洞窟营造活动的支持者、参与者。如果单靠一个人或一家人，财力不济，就需要几个人或几家人通力合作。在一个洞窟中，他们可以既是窟主，也是施主。

一个洞窟大体会经历凿岩镌窟、绘制壁画、塑像、修建窟檐等一系列营造过程。工匠在窟主或施主的雇佣下从事洞窟的营造活动，历史上只记录窟主和施主的

丰功伟绩，没有人关注工匠。只有在歌颂窟主和施主的文字夹缝中，偶尔有关于工匠的记载。

工匠可以分为劈岩凿窟的"良工"和绘制塑画的"巧匠"。也可以更加细致地分为：打窟人，在岩壁上凿岩镌窟的工匠；石匠，从事石窟开凿、建筑石料加工的工匠；泥匠，从事土木建筑的工匠；木匠，从事木制器具的制作、加工的工匠；塑匠，从事泥塑敷彩的工匠。古代敦煌各个行业的工匠，按照其技术的高低，可以分为都料、博士、师、匠等级别。敦煌的文件和壁画都证实，这些工匠几乎都是一贫如洗，甚至还要借债过活。而就是这些工匠，创造了灿烂的莫高窟。

在敦煌壁画中，还保存了直接表现工匠活动的形象资料。比如，第296窟的一幅壁画表现了建庙造塔的场景（10-14），众工匠正在兴建"佛图僧房堂阁"，上图表现砌造"佛图"的须弥座，下图表现修建"僧房堂阁"，其中有衣着整齐的高级画工正在执笔绘画，有衣着不整的泥工正在屋顶抹泥。

供养人

出资建窟

供养人和供养人画像

所谓供养人，就是信仰佛教、出资建窟的人，他们是开窟造像的施主和赞助人。供养人画像就是开窟造像时创作的供养人的肖像画，而供养人题记就是在供养人画像旁边或下面题写的供养人的姓名、地位、官职、功德和愿望等文字。敦煌莫高窟有彩塑和壁画的 492 个洞窟中，现存供养人画像共有 8 000 余身，题记 7 000 余条，前后延续 1 000 余年。

供养人画像大约有三类。

第一类是集资造窟的供养人的画像。集资造窟，就是每人按照自己的经济状况，或多或少地出资建窟。窟建成后，给出资者每人画一像，以表彰他们对佛的虔诚信仰，像的旁边一般有题名。这类出资者多为下层官吏、僧尼佛众、乡里百姓和画工画匠。

第二类是结社合资造窟的供养人的画像。参加者协议每人平均出资建窟，窟建成后，每人一像，像侧题名。这类出资者多为城乡士绅、普通民众和社会下层人士。

第三类是由一人或一家独资建窟的供养人的画像。例如翟家窟的供养人就是一个家庭的成员，上达祖辈，下涉子侄，乃至仆从、奴婢等。主要的供养人画像与真人等高甚至高于真人，像侧题名。这类供养人多为盛唐以后敦煌地区的吐蕃、回鹘、党项、蒙古等少数民族的王公贵族，或者汉族高官、地方豪绅等。

总之，供养人涵盖十分广泛，包括社会各个阶层，有汉人也有少数民族，有富人也有穷人。富人开大窟，穷人开小窟，更穷的人可以联合开一个洞窟，或者与富人签订协议合力建造，有钱出钱，有力出力。因此，供养人画像涉及社会生活的方方面面。

供养人画像的目的

根据佛教经典，一个人生前行善礼佛，死后佛就会引导他的灵魂到达西方极乐世界。当佛来引导他的灵魂升天时，一定要认清楚这位供养人，所以，一般说来，供养人的画像最好要"像本人"。但是，"像本人"是困难的，对于男供养人，画工由于画技不高，做不到"像本人"，甚至得不到供养人本人的认可；至于女供养人，她们不可能长时间地站在"低贱"的画工面前充当模特儿，画工只能依靠别人的描述和自己的想象，根本无法做到"像本人"。做不到"像本人"就只好确信"是本人"。怎样做到"是本人"呢？就在画像旁边写上供养人的姓名，这样，佛来引导其灵魂升天的时候，就不会搞错了。

此外，石窟常常成为光耀门庭的家庙，供养人把自己或亲属、部下甚至奴婢的形象刻画在石窟中，一方面表明他们具有礼佛行善的灵魂，另一方面也是要炫耀他自己的官职、功绩。这些功绩与官职既是给人看的，也是给神佛看的。因为在他们看来，官职、功绩就是行善礼佛的结果。

供养人画像也是为了表明礼佛行善的虔诚。把内心深处的愿望写在木牌上，这样佛便知道自己的愿望，并且能够引导自己的灵魂到达西方极乐世界。

供养人的画像与菩萨、飞天的画像不同，不是画工浪漫主义的幻想的产物，而是确有其人其事，是现实生活的反映。虽然做到"像本人"困难，但是服饰、风俗、习惯是不会错的。因此，供养人画像是研究当时社会的可靠的百科全书。

张大千说，一般人研究敦煌画，着眼点都在佛像上，其实供养人像非常重要，因为男供养人都是对人写像，太太们虽然不便面对画家，但当时的衣饰总是不会错的。要了解人物画的断代问题，这是唯一可靠的资料。

供养人画像的发展过程

供养人画像总的趋势是由小变大，题记由简单变复杂。在南北朝时期，供养人画像较小，到了唐代，已经超过真人。题记也由南北朝时期只记录姓名发展到记录官职、功德、赐封乃至发愿。

莫高窟早期的供养人画像的特点是单一呆板，千人一面，虽然表现了宗教信仰的虔诚，但缺乏人间的生活气息。到了隋唐，供养人画像迎来了发展的高潮期。这时优秀的供养人画像就像吴道子、展子虔、阎立本的人物画一样，具有强烈的艺术感染力。

五代第 98 窟是曹议金的功德窟，有一组于阗国王李圣天及其夫人、随从的供养像。在《于阗国王供养像》（11-1）前有墨书榜题："大朝大宝于阗国大圣大明天

大朝大寶于闐國大聖大明天子

子"。于阗国王叫李圣天，因为前代有功于唐，赐姓李，子孙相袭。敦煌曹议金时代与于阗有良好的关系，李圣天是曹议金的女婿，所以他和妻子的供养像就画在曹氏的功德窟中。

画中国王高2.8米，是莫高窟最大的供养人像之一。李圣天气宇轩昂，仪表堂堂，头戴冕旒，冠顶有走龙、宝珠、北斗七星，身穿衮袍，上有日月图案，袖上有龙虎图案，完全是汉族服饰。

隋唐时期供养人像达到了前所未有的艺术高度，但之后却衰败了。究其原因，首先，宋元以来，画工维持着一定的供养人画像的模式，创造着基本雷同的形象，失去了对艺术的探索创新精神。其次，隋唐时期供养人的雍容华贵消失了，艺术魅力大减，给人一种江河日下、穷途末路的印象。再次，随着开窟的数量减少，供养人形象的创造自然也相应地减少了。这些画像的艺术价值与社会历史价值都在减退。

出行图

出行图是供养人画像的一个变种。所谓出行图，就是表现供养人的功绩或豪门贵族现实生活的真实画卷，大多画在豪门贵族的功德窟中。

晚唐第156窟的《张议潮统军出行图》（11-2）与《宋国河内郡夫人宋氏出行图》（11-3），都是敦煌莫高窟年代较久、规模较大、艺术水平较高的出行图。

安史之乱后，唐王朝由盛转衰，无力顾及偏远地区，敦煌被吐蕃攻占。吐蕃统治末期，张议潮走上了历史舞台，逐步收复河西诸州。

《张议潮统军出行图》画面由百余人组成，可以分为三个部分：前部为仪仗，中部为张议潮，后部为骑射猎队。这幅出行图，充分地表现出张议潮统军出行抗击吐蕃统治者、收复河西的雄壮气势，对于认识唐代行军仪仗是不可多得的图像资料。

第156窟的《宋国河内郡夫人宋氏出行图》也是由百余人组成的大型出行图。宋氏是张议潮的夫人，这幅壁画表现了节度使夫人春游时豪华奢靡的场面，也可以分为三个部分：前部为杂技乐舞，中部为宋氏，后部为饮食护卫。

天籁悠扬
舞翩跹

　　敦煌乐舞是令人神往的领域。那绝妙的反弹琵琶，那转如飞旋的胡旋舞，那轻盈优美的乐伎，无不令人心醉。遗憾的是，音乐是有声的艺术，壁画却是无声的艺术；舞蹈是活动的艺术，壁画却是静止的艺术。怎样才能够使人听到那优美的乐音，看到那动人的舞姿呢？

　　著名的大型舞剧《丝路花雨》和《千手观音》，都是根据敦煌壁画 （12-1、12-2） 创作的。我们在欣赏赞叹的同时，还应当追本溯源，看看原汁原味的敦煌乐舞。

音乐篇　　　从莫高窟壁画来看，敦煌地区的音乐是异常繁盛的。佛经中说，
　　　　　　　佛是无欲无求之人，当然不需要音乐舞蹈。但是佛怜悯众生，谁
　　　　　　　敬佛，给佛献歌舞，就会得到福报，所以佛就允许有音乐歌舞
了。随着佛教的发展，音乐也就出现了繁荣的景象。

　　敦煌音乐汲取了印度音乐、西域音乐的精华，并且与中原音乐相结合，从而实
现了佛教音乐中国化。从石窟壁画来看，敦煌音乐在初创阶段，也就是北朝时期，
带有浓厚的印度、西域风格。那时的菩萨伎乐、供养人伎乐、药叉伎乐等，多为男
性，身短体壮，袒胸赤足，深目厚唇。乐器种类少，例如莫高窟第 435 窟的《天宫
伎乐》（12-3），具有明显的西域绘画特征，最右侧一身乐伎在拍腰鼓，其左侧乐伎在
吹海螺。

　　敦煌处于丝绸之路上中原与西域交流的咽喉之地，这无疑既促进了中原音乐的
发展，也促进了西域音乐的发展。隋唐时期敦煌音乐达到繁盛期，实现了佛教音乐
的中国化与世俗化。

　　音乐是人类文化的重要组成部分，它以有组织的音响表现情感、反映生活，渗

透到生活的各个角落。上至宫廷，下至民间，婚丧嫁娶，祭祀典礼，无不需要音乐。这时的敦煌音乐，能够满足不同领域的需求，包括佛教伎乐、巫术祭祀、出行奏乐、歌舞百戏等。

在莫高窟第 148 窟的壁画《药师经变》（12-4、12-5、12-6）中，音乐演出队伍的规模之庞大，气势之恢宏，人物比例之准确，演出姿态之协调，均无与伦比。宝池台阶上有两个乐伎奏乐，众乐伎所使用的乐器洋洋大观，有腰鼓、都昙鼓、羌鼓、锣、竖笛、横笛、排箫、拍板、琵琶、笙、琴、箜篌、阮、铙等，反映出盛唐时期音乐繁荣的程度。

壁画对音乐的表现主要靠乐器，有两种表现方式。第一，对乐器的演奏。通过画面，使欣赏者想象到乐器的声音，例如榆林窟第 25 窟（12-7、12-8）、莫高窟第 112 窟（12-9）、莫高窟第 154 窟（12-10）的壁画。第二，不鼓自鸣。"不鼓自鸣"一

词出于佛经，《普曜经》中说，佛国极乐世界处处有仙乐，箜篌琴瑟，笙笛箫筚，无须人演奏，乐器自然就会发出美妙的声音。在莫高窟壁画中，在空中飞翔的乐器有阮、笙、羯鼓等，无须人控制，就会发出美妙的音乐。例如莫高窟第124窟壁画《不鼓自鸣》中的羌鼓（12-11），第321窟壁画《不鼓自鸣》（12-12）中的笙、鸡娄鼓、腰鼓、答腊鼓、琴等，绘制精美，造型准确。

敦煌石窟的音乐分为两类：佛国音乐和民间音乐。前者重在展示佛性和天堂的繁花似锦，后者着重表现人间的真实情感和场面。后者是前者的基础，前者是后者的升华。乐伎也有两种，一种叫作伎乐天，一种叫作伎乐人。伎乐天在天上演奏，围绕在佛的周围，表示对佛的礼赞，构成理想的天宫极乐世界。伎乐人是在人间从事演奏活动的人，例如供养人画、出行图、婚嫁图、百戏图、饮宴图中都有伎乐人的活动。

敦煌壁画中的婚嫁图虽然取材于佛教故事，表现佛国世界女人出嫁的情景，却真实地反映了当时人们的婚俗习惯和当地的风土人情。

描绘最为生动的是第445窟的《婚嫁图》（12-13），无论是主人还是客人，无论是新婚夫妇还是歌舞乐伎，都一·表现出来。在宅第门外设帷帐及青庐。青庐也称"百子帐"，是在屋外用青布搭帐篷做的新房。帐内宾客饮宴，帐外举行婚礼。在热闹的青庐中，宾客观看精彩的乐舞表演。从唐代开始，乐舞助兴是婚嫁的习俗。场地中间是一名正在表演的舞伎，旁边还有数名乐伎，他们或立或坐，尽情为舞者伴

奏，所用的乐器形色各异。这幅《婚嫁图》描绘得十分精细，不仅表现了场内的热闹气氛，还独具匠心地刻画了场外的情景，比如青庐外面活泼可爱的儿童，由于受到限制不能进入场内，当听到美妙的乐舞后便好奇地从缝隙中偷看，十分富有生活情趣。

莫高窟第 360 窟中的《饮宴乐舞图》(12-14) 中，露天大树下摆放着一张长桌，客人们对坐在长桌两旁，其中一个客人表演歌舞，他双袖挽起，两臂舒展，两手握拳，左足踏地，右腿屈膝上提，似乎正在跳旋转如风的胡舞。宾客在伴奏，有人拍板，有人拉胡琴，还有人奏箜篌。异常生动地描绘出古代餐饮中歌舞助兴的场景。

舞蹈篇　在佛教中，舞蹈和音乐一样，主要功能是娱佛、礼佛。佛教与舞蹈有不解之缘。首先，舞蹈供养是佛经中的明确规定，《法华经》中说，"香花伎乐，常以供养"。就是说，凡有佛像的地方，就要为佛奏乐起舞。其次，佛教寺院有所谓"设乐"，就是演出乐舞的机构。

舞蹈是动态艺术，壁画却是静态艺术。欣赏者只有插上想象的翅膀，才能够领略到壁画中舞蹈形象的高妙。

敦煌舞蹈，就像敦煌音乐一样，是中原舞蹈与西域舞蹈融合的结果，初创在北朝，繁盛在隋唐，衰退在五代之后。在隋唐时期，舞蹈形式多样且形象中原化，上至皇帝、后妃，下至普通百姓，都会用舞蹈自娱。

舞蹈伎乐的种类有佛国伎乐和人间伎乐。

佛国伎乐有天宫伎乐、经变伎乐、化生伎乐、护法神伎乐。

依据佛经，凡是在佛国世界从事乐舞活动的菩萨、众神，都可以称之为天宫伎乐。在壁画中，或手持乐器，或翩翩起舞，全神贯注，形态逼真。天宫伎乐一般出现于敦煌石窟的初创期，自隋代开始，为飞天伎乐所代替。

所以，早期的天宫伎乐多少带有印度佛教艺术的特征。北魏莫高窟第 435 窟的壁画《天宫伎乐》（12-15），人物带有明显的印度、西域风格，甚至眉心还残存着印度舞蹈所独有的吉祥痣。

莫高窟第 272 窟西壁佛龛两侧的《供养菩萨》（12-16、12-17）是这一洞窟最大的看点，其布局为佛龛两侧各画 4 排菩萨，每排 5 身，姿态各异，无论持花的还是徒手的，都或坐或跪于莲台之上，并都做舞蹈状，以表现听佛说法时产生的欢欣情感。这些菩萨舞姿无一雷同，从而保留下来了古代的 40 个舞蹈动作。

天宫伎乐与飞天，虽然都在舞蹈，却有明显的界线。首先，飞天的舞蹈在天上，背景是缭绕的云雾；伎乐的舞蹈在地上，背景是宫廷的大门。其次，天宫乐伎的造型稚拙，多为男性形象；而飞天的造型灵动，多为女性形象。

经变伎乐出现在经变画中，经变画主要出现于唐代，大多包含乐舞的内容。歌舞最多的经变画是《药师经变》，达 64 铺；其次是《无量寿经变》，62 铺；最后是《阿弥陀经变》，37 铺。在敦煌经变画中，礼佛的队

伍规模很大，往往上下三层，两侧乐队席地而坐，中间舞伎翩翩起舞。

第220窟壁画《阿弥陀经变》的舞蹈场面，左右两组乐队各8人，坐于方毯上演奏琵琶、笙、筝、箜篌等乐器，两组乐队之间有两名舞伎，双手握长巾，在圆毯上对舞。（12-18）

佛教认为，人有四生：胎生、卵生、湿生以及化生。"化"就是指无所依托，"忽然生者，如诸天、诸地狱及劫初之人"。因为"化"与"华""花"同义，所以"化生"就是"莲花所生"，具有佛教的微言大义。敦煌壁画中的化生伎乐，一般分为化生菩萨与化生童子。

莫高窟第285窟的《化生伎乐》（12-19），第220窟的《阿弥陀经变·化生童子》（12-20），都生动传神。

护法神伎乐有药叉伎乐等。药叉也叫夜叉，在佛经里是吃人的恶鬼，但同时又说是佛

教天龙八部之一，叫作金刚力士。药叉伎乐一般绘制于洞窟的下部，寓意在地府之中，也称地宫伎乐。北魏莫高窟第 251 窟和第 254 窟中的《药叉伎乐》（12-21、12-22、12-23），形象夸张，姿态各异，具有阳刚之美。舞姿有几分滑稽，同样使人兴味盎然。

欣赏完佛国伎乐，我们再来看人间伎乐。

人间伎乐有供养人伎乐、出行图伎乐、婚宴嫁娶伎乐以及饮宴伎乐等。这些上文已经讲过，仅举一例：莫高窟第 156 窟的《张议潮统军出行图》（12-24）中就有舞蹈活动。

从具体的舞姿来看，舞蹈可谓绘声绘色，多种多样。大约有以下几种。

第一，反弹琵琶。莫高窟第 112 窟的壁画《反弹琵琶》（12-25），中间的舞伎肩披长巾，上身前倾，左腿屈立，右腿屈膝，高提大腿，脚步上勾，拇指跷起。反弹

琵琶于脑后,左手按弦,右手拨弦。肌肤如雪,发髻高耸,丰腴姣好,修眉细眼,温婉和顺,给人留下无限美好的想象。

第二,胡旋舞。胡旋舞来自西域,北周时传入中原,盛行于唐代。白居易有一首著名的诗《胡旋女》,诗中描述的"左旋右转不知疲,千匝万周无已时"是胡旋舞的主要特征。

莫高窟第 220 窟的《药师经变》(12-26)中有几位舞者,立在小圆毯上,手执长巾,翩翩起舞。从飞舞的长巾,人们可以想象到其旋转的速度和力量,这与史书上对胡旋舞的描述是一致的。可惜从壁画中我们只能看到舞蹈的瞬间,至于连续动作则需要观者的想象了。

第三,霓裳羽衣舞。盛唐最著名的舞蹈当属霓裳羽衣舞,白居易在《琵琶行》中描绘道:轻拢慢捻抹复挑,初为《霓裳》后《六幺》。大弦嘈嘈如急雨,小弦切切如私语。诗中所说的《霓裳》,就是《霓裳羽衣曲》。

唐代的舞蹈还有很多,例如莫高窟第 360 窟的壁画中的披巾击鼓舞,舞伎半裸上身,腰间挂腰鼓,披巾起舞。限于篇幅,就不一一详述了。

佛国世界 世俗情

敦煌石窟艺术是中国古代敦煌地区的百科全书。政治经济、婚丧嫁娶、衣服鞋帽、疾病治疗乃至体育游戏，无不绘声绘色，真实生动。可以说，生活中有什么，敦煌石窟艺术中就有什么。当然，所有这些，都披上了一层佛教的外衣。

在超凡脱俗、出离尘世的佛教石窟中，为什么会出现饱含世俗情怀的丰富多彩的故事画呢？因为对佛国世界的任何描绘，都离不开现实世界。所谓佛国世界，不过就是理想的现实世界。壁画上出现的渺渺佛国世界的极乐世界，不是画家信马由缰的随意创造，而是理想的世界。

我们就通过石窟中的壁画，脱掉那层佛教的外衣，看看世俗世界的真实画面。

政治　　　　历史上，自石窟初创起，每一位敦煌政治统治者都会建窟，向人们展示政权和宗教上层联合的强大威力。例如唐代张议潮的侄子代替官居长安的张议潮建莫高窟第156窟，窟主就是张议潮。主室画有张议潮的母亲及其侍女、父亲、兄长及张议潮本人。窟内最著名的是壁画《张议潮统军出行图》和《宋国河内郡夫人宋氏出行图》。

其建窟的目的是，一方面证明他们都是笃信佛教的信徒，建窟以求得来世的解脱，修来世之福；另一方面则炫耀张议潮收复河西的丰功伟绩。

军事　　　　敦煌自北朝起，就是一个强人蜂起、征战不断的地方。有的壁画描绘了官军剿灭强盗的画面，表现了期盼官军神勇、叛逆归顺、天下太平的愿望。

莫高窟第285窟的《五百强盗成佛图》（13-1），画有官军的步兵、骑兵与强盗激烈战斗的场面。步兵头上为巾子束发的覆髻，手执弓箭、刀、盾牌等。骑兵骑着有防护装备的战马，执长柄槊。我们似乎能够看见战场烽烟滚滚，听到喊声震天。

莫高窟第12窟的壁画《作战图》（13-2），表现的是《法华经·安乐行品》中的"髻珠喻"：强力转轮圣王一心想降伏周围诸小国。小国不从，于是转轮圣王出兵征讨。从画中我们看到，转轮圣王正在皇宫内部署战斗。宫城外有两个城池隔河相望，周围战旗飘扬，剑拔弩张，骑兵你来我往，互相厮杀。受伤的战马、士兵在激

流中挣扎。最后，转轮圣王押解战俘，胜利而归。这幅壁画真实地再现了唐代的战争场面。

生产

古代的敦煌是繁荣的重镇，在莫高窟的壁画中，对敦煌的生产状况有生动、形象、真实的反映，比如狩猎、耕作、酿酒、锻铁、制陶、舂米等。

敦煌自古水草丰茂，是理想的牧场，那时敦煌人不会农耕种田，狩猎是重要的谋生手段。第85窟的壁画《出猎图》(13-3) 中，四位猎人均戴幞头，着缺胯衫，他们带着鹰、犬、弓、箭、斧，准备外出狩猎。

第23窟的壁画《雨中耕作图》(13-4)，表现了雨中耕作的情景。天上乌云密布，大雨倾泻。一农夫套牛耕地，另一农夫肩挑麦束行进。牛耕表现春耕，挑麦表现秋收，这两个场面既表现了农夫的辛劳，也表现了喜降甘霖带来的欢快。地头一家四口正在田间歇响餐饮，画面温馨，好像中原的农家乐图。

第6窟的《扬场图》(13-5)，上半部分表现男女二人扬场的场面，左侧农妇站在凳上，手持簸箕，当风扬场，右侧农夫手持长柄扫把，清扫粮食，生动真实。下半部分表现了新式农具的使用：中原移民给敦煌带来了新的耕作技术，不但有一牛拉犁，二牛抬杠，更重要的是耧犁的使用。敦煌地区使用耧犁，是耕作技术的巨大进步。这种农具是三脚耧，耧脚中空，与耧斗相连，把种子放入斗中，播种时边摇边下播，节省劳力，提高效率，同时完成开沟、下种、覆土三道工序，而且每次播

种三行。敦煌就这样成了西域的粮仓。

敦煌盛行饮酒，酿酒业也相应兴盛，在魏晋时期已经颇负盛名。高档的是麦酒，低档的是粟酒。此外还有葡萄酒。

敦煌的酿酒户一般采取传统的卧酒法，也就是蒸熟后的麦粟发酵，产生酒液。这种酒浓度较低，叫作酿造酒。还有一种用先进方法生产的酒，叫作蒸馏酒。

榆林窟第3窟的壁画《酿酒图》（13-6），图中有一个灶台，灶膛内烈火熊熊，灶台顶部冒出浓烟。上边是一套层叠复压的方形器皿，经过专家考证，这种器皿是制酒的蒸馏器。灶边一人烧火，一人右手端碗，似在品酒。地上放着木桶、酒壶、高足碗、贮酒槽等。这幅壁画生动地再现了敦煌的酿酒工艺，也给了后人一个非常肯定的回答：那时敦煌已能生产非常先进的蒸馏酒。

西域的刀具非常锋利，而锋利的刀具有赖于优良的铁质，优良的铁质又有赖于先进的冶铁技术。敦煌冶铁的诀窍就在于我们从榆林窟第3窟的《锻铁图》（13-7）中看到的立柜式双木风箱。风箱上有两个活动盖板，两个活门交替开闭，扇动盖板，鼓风吹火，使风量、风压都有显著提高。这在当时是一件先进的工具。一般的冶铁使用皮囊鼓风，而立柜式双木风箱可以不间断地鼓起更大的风，让熔炉里的煤炭燃烧得更充分，从而使铁矿石中的杂质更容易被提炼出去，这才让西夏的冶铁技术产生了质的飞跃。

莫高窟第454窟的壁画《制陶图》（13-8）中有陶师的画面。陶师用的是轮制法，地上置一圆轮，上放陶坯，用脚来操纵圆轮转动，在旋转中以手工使器物成形。轮

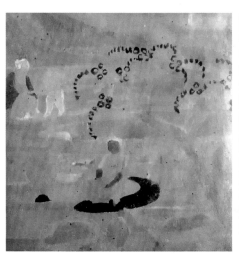

制法造出的陶器厚薄均匀，保证了质量，这在中古时期是比较先进的制陶工艺。

陶师右前方摆放着已成形的各种器皿，左侧是制陶的原料——泥土，不远处是陶师的妻子和孩子，这就是当时家庭作坊的形象反映。

榆林窟第 3 窟的《舂米图》(13-9) 中，舂米人双手扶架杆，一脚着地，一脚踏木板，用中间下部木轴为杠杆带动捣杵在石臼中舂米，前有粮堆和簸箕。此图表明西夏与中原地区的捣米舂谷法并无二致，但在中古时期，用图画把谷物加工去皮成米的情景十分生动地表达出来，十分罕见。

贸易　　　　敦煌是丝绸之路上的重镇，中国西部的门户。东来的华商、西来的胡商，齐集敦煌，交流着不同的货物。通过敦煌，中国的丝绸、瓷器、茶叶源源不断地运往西方，西方的珍宝、特产也输入中国 (13-10)。莫高窟第 103 窟的壁画《来华胡商》(13-11)，表现了一队胡商在崇山峻岭中前进。前行者为引象人，大象满载货物，商主戴帷帽，骑在马上，后面两人为仆人。胡商多数为粟特人、波斯人，还有大食人、回鹘人、犹太人等。

除了外族贸易，敦煌的民间贸易也很兴盛。莫高窟第 85 窟的《十字交叉座天平》(13-12) 表现的就是民间贸易。这是一种十分奇特的以物易物的买卖。本来，敦煌是有货币的，但是中唐之后，从吐蕃统辖直到归义军时期，敦煌盛行以物易物。究其原因，首先，货币的流通要以政治、经济的稳定为基础，但是唐代以来，随着政治、经济的动荡，私人盗铸钱币比比皆是，于是人们重物轻钱；其次，吐蕃民族不使用中原货币；再次，敦煌本地缺乏铸钱的金属。

秤架上是一个十字交叉座天平，旁边有掌秤人。天平的两端有秤盘，一边放着鸽

子，另一边放了四块肉。秤的横杆上立一雄鹰，体形较大，正注视秤盘上的肉。

娱乐　　　　　　古代人虽然生活简单，但同样具有丰富的游艺生活。所谓游艺，就是娱乐休闲，不以竞技为目的，是一种愉悦的精神体验，也是一个民族的文化表现。"游艺"一词源于孔子，《论语》说"志于道，据于德，依于仁，游于艺"，提倡以"六艺"来陶冶身心。

敦煌壁画表现的游艺活动有勾栏百戏、操舟、投壶、弈棋等。

所谓"勾栏"，又叫"瓦舍"，据传均出自佛教经书。"勾栏"原指"夜摩天王"享受音乐的建筑物，"瓦舍"原指僧房。从曲艺发展的历史看，唐代的戏场几乎都依附于寺庙，到宋代时，市井中才出现了专供艺人表演的固定场所，称为"勾栏"。"百戏"是民间歌舞杂技的总称。

莫高窟第 61 窟的《勾栏百戏》（13-13），表现两童子竖立于竿顶，周围有六男子演奏乐器，或横笛，或拍板，或曲项琵琶，或打击乐器，或排箫，或洞箫，伴奏之声使人销魂。右侧一人，似在指挥。

操舟也是一种娱乐活动。每年五月初五，为了纪念楚国诗人屈原投汨罗江而死，人们操舟竞渡。在莫高窟，有近百幅壁画中有操舟的描绘，其中有划桨的、撑篙的、摇橹的，有一人的、双人的、多人的，有无帆的舟，也有有帆的舟。

莫高窟第 323 窟的《康僧会乘小舟下江南》（13-14）中，小舟的船头和船尾上翘，底部较平，颇似现代体育竞赛中的划艇。估计当年的操舟也具有竞技的意义，就好像现代的竞龙舟。

　　投壶是一种古老的游戏。春秋战国时期，贵族士大夫在饮宴中常常用酒壶象征箭靶，在 7 尺之外用箭投向酒壶，投入者为胜。到了汉代，投壶的箭改用有弹性的竹剑，投者从一定角度投箭入壶，箭会立刻反弹回来，投者接箭在手，继续投壶，如此反复，连续不断，善投者往往"一箭百余反"。莫高窟第 9 窟的壁画《投壶》（13-15）表现的就是悉达多太子在进行投壶比赛。

　　投壶始于何时，已不可详考，但最迟在春秋时期就已盛行。据《左传》记载，晋昭公即位之时，在招待各国诸侯的酒宴之上，与齐景公进行了一场投壶比赛，比赛时吟诵的《投壶辞》一直流传到汉代。

　　莫高窟第 454 窟的《弈棋》（13-16），图中有三人，席地而坐，对弈者围着矮桌鏖战，专心致志，右侧一人是维摩诘居士。弈棋是敦煌居民喜爱的娱乐活动，不过棋盘为纵横七道，既不像今天的围棋，也不像今天的象棋。

服饰　　　　　中国自古就有"衣冠王国"的美誉。不同的衣冠服饰，表现了不同国家、民族、行业的审美情趣。敦煌石窟的壁画、彩塑记录了从十六国至元代不同民族的服饰文化，是当之无愧的服饰文化博物馆。

　　秦汉时期，衣袖收紧，便于保暖和活动。魏晋时期，衣袖变宽，这种具有宽博衣袖的袍，叫作"褒衣"。而系在袍衫之外的长带，叫作"博带"。总之，穿上衣袖宽大的袍衫，束上宽大的长带，就叫作"褒衣博带"。

　　魏晋时期流行高冠，又叫笼冠。魏晋时期还流行"笏头高履"，就是鞋头翻卷高翘的鞋子，形似古代大臣上朝手持的笏板。所以有"笼冠高履"之说。

莫高窟第 285 窟、290 窟的供养人像的服饰都是典型的褒衣博带、笼冠高履（13-17、13-18）。

莫高窟第 323 窟的壁画《隋文帝迎接昙延法师入朝》（13-19），其中隋文帝头戴通天冠，穿大袖宽袍，身后的众臣头戴黑介帻，穿袍服。第 220 窟的壁画《帝王礼佛图》（13-20）中人物的穿着，同样是典型的褒衣博带。

短襦裙披，是古代女子的服饰。所谓"襦"，就是短衣。古代布幅较窄，一条裙子需要多幅布前后合围成筒形，也就是说是一"群"布制成的，"裙"就是"群"，这就是裙子一词的由来。

魏晋时期，女子上身为襦，下身为裙。隋代妇女以面容清瘦、身材修长为美。头梳平髻，多穿窄袖或阔袖短襦，下着高腰长裙，裙腰以带束于胸前，束带前垂过膝，外披翻领长袍。例如莫高窟第 390 窟的供养人像（13-21）。

唐代妇女以胖为美，女子服装的特点一是襦裙装，二是胡服，三是女着男装。唐代之前，男女服装有严格的界线，到了唐代，一是受到外来影响，二是社会开放，妇女活动增加，如节庆出游、登高踏青、观灯赏花、骑马打球，促使女着男装的流行。无论贵妇、仕女还是奴婢、侍从，服装都有这种特色。

　　所谓女着男装，就是女子头戴幞头，身穿圆领或折领窄袖长衫，下穿小口裤子，足着六合靴。在莫高窟第 375 窟的供养人像中，有一系列女供养人的形象，女供养人各有一名侍女，皆着男装。

　　中唐时期，吐蕃占领敦煌。在敦煌石窟的壁画中，大量出现吐蕃的民族服饰。吐蕃服饰的特点是：大翻领素色左衽长袍，头巾缠冠，带刀佩剑，虎皮衣领，发系珠贝。莫高窟第 159 窟有一幅吐蕃赞普像（13-22），中间着白袍者为吐蕃赞普，头戴"赞夏帽"（红色头巾缠绕形成的筒形帽子，在扎结处露出红巾的一角），着白色翻领长袍，长袍开叉，露出绿色红缘的裤子，一袖垂地，领、袖都有虎皮边缘，腰系

革带，佩短剑，着黑靴。

　　五代至宋，曹氏归义军为了稳定政权，与回鹘联姻。因此，莫高窟留下了大量的回鹘族供养人的形象。观其服饰，既有唐宋遗风，也有西域新风。

　　莫高窟第409窟主室东壁门两侧分绘《回鹘可汗礼佛图》（13-23）和《回鹘王妃礼佛图》（13-24）。回鹘可汗面相浑圆，两眼细长，身材敦实。头戴莲瓣形高冠，身着圆领窄袖团龙纹长袍，腰间束带，垂挂短刀、荷包，脚穿毡靴，手持长柄香炉。回鹘王妃头戴桃形凤冠，冠后垂红结绶，内穿圆领衫，外穿弧形大翻领窄袖长袍，袍裾曳地，胳膊上缠有一条水平装饰线，长裙正中有十字交叉装饰线。

　　在莫高窟第158窟的壁画《举哀图》（13-25）中，有来自西域、中亚、西亚、东南亚的各国国王，穿着不同民族特色的服装，表现了敦煌与吐蕃、回鹘、高句丽以及中亚、西亚等地区民族的联系，体现了敦煌在中西文化交流上的重要地位。

石窟艺术话理论

敦煌石窟佛教艺术是博大精深的艺术，是世界艺术珍品。它不仅引发我们感官的震慑和愉悦，而且引发我们对石窟艺术的深层次的理论思考。

如何评价敦煌艺术　敦煌石窟艺术是佛教艺术，表现佛尊形象、佛教经典、佛教情感、佛教思想，也包含了一些积极的思想、积极的情感。

佛教传到中国以后，就吸收了儒家和道家的思想，"仁""爱"成为佛教的教义。怎样才能成佛呢？除了信仰、修行之外，还要行善。佛、道、儒三家的共同思想，就是善。在这一点上，它们是相通的。佛教还主张，为了理想可以牺牲自己的一切，乃至生命，例如舍身饲虎、割肉救鸽等。

所以，敦煌壁画不仅形式是无与伦比的，内容上也有积极的因素。正因为这样，我们才说，敦煌艺术既是佛教艺术的珍品，也是中国艺术的珍品；既是东方艺术的珍品，也是世界艺术的珍品。

如何评价画工画　在中国艺术史上，从事绘画的有三类人，与此相应，也有三种不同的绘画。

第一种，宫廷画师，他们的作品叫作院体画。这类绘画为皇帝服务，表现宫廷的审美观念，例如翰林图画院的画师们。

第二种，文人画家，他们的作品叫作文人画。他们有较高的文化水平，作品是诗、书、画、印的统一。

第三种，民间画工，他们的作品叫作民间美术。这些画工社会地位和文化水平都比较低，作品主要有原始社会的彩陶艺术，秦代的兵马俑，汉代的画像砖、画像石，敦煌的彩塑、壁画，民间年画等。

从题材上来说，院体画主要表现宫廷生活；文人画主要表现山水花鸟；画工画主要表现民间世俗理想。从目的上来说，院体画是成教化、助人伦，为宫廷歌功颂德；文人画是自我表现，聊以自娱；画工画是祈福避祸，烘托欢快祥和的生活氛围。从风格上来说，院体画求真写实，富丽堂皇；文人画不求形似，气韵生动；画工画清楚饱满，古朴稚拙。从画科和形式上来说，院体画主要是人物画、工笔花鸟画和青绿山水画；文人画主要是水墨山水画和写意花鸟画；画工画主要是画像砖、画像石、石窟艺术和年画。

而敦煌壁画就是画工画发展的高峰。

敦煌石窟艺术的真正创造者，可以归纳为以下三类。

第一类：官员和绘画官。过去有一些官员，本人就是绘画高手，他们往往直接绘制壁画，在敦煌壁画中就有这样的题记，虽然是少数。在敦煌的曹议金时代，他们还成立了画院。敦煌石窟艺术总体上说是画工的作品，但也有官员的作品。

第二类：僧官和画僧。在僧人中，有僧官，也有普通的僧人。如果他们善画，就可以直接绘制壁画。

第三类：画工和塑匠。他们以制作壁画和彩塑为生，是制作敦煌艺术的主力军。一般说来，在壁画和彩塑上留不下他们的名字。

过去人们对画工画评价很低，说画工画只有技术没有艺术，只有临摹没有创造。甚至说，画工的作品是非艺术。唐代张彦远在《历代名画记》中认为，绘画是文人的才能，不是画工的事。他说："自古善画者，莫非衣冠贵胄，逸士高人，振妙一时，传芳千祀，非闾阎鄙贱之所能为也。"

宋代邓椿在《画继》中的观点更清楚明白。他说，画的用处大了！天地之间，万事万物，都能够用画来穷尽它的形态。怎样才能用画穷尽万事万物的形态呢？只有一个方法，就是传神。世上的人仅仅知道人有神，而不知道万事万物都有神。郭若虚很看不起画工画，他认为画工画虽然名义上叫画，实际上不是画，因为画工画只能够表现事物的形，而不能够传事物的神。

这些说法都是错误的。当我们面对光辉灿烂的敦煌艺术时，只能说，画工的作品，不但有技术，也有艺术；不但有临摹，而且有创造。民间艺术对画工的画技要求极高，特别是某些技艺高超的民间画工，人们常说"十年出个秀才，十年出不了个画匠"，可见其难。

敦煌石窟艺术的美学价值究竟是什么呢？

第一，和谐。和谐是中华艺术之魂。中国哲学认为，人与自然不是人改造自然的关系，而是天人合一的和谐关系。在敦煌石窟艺术中，色彩的搭配、构图的完满、布局的周到，成为和谐的典范。

第二，传神。顾恺之提出，以形写神。"神"是艺术的灵魂和本质，"形"是传达"神"的手段。离开了"神"，"形"就毫无意义。传神的诀窍就是眼睛。在敦煌石窟艺术中，重表现，轻再现，可以说，每一尊佛像，都是以形写神的典范之作。

诚然，敦煌石窟壁画是由一套相对固定的模式构成的，比如，骑六牙白象的是普贤菩萨，骑青狮的是文殊菩萨，骑怪兽的为地藏菩萨，等等。对于佛的表现，也有固定的模式，比如，右手上举，以食指和拇指做环形，其余三指微伸，是释迦牟尼说法像；以右掌压左掌，仰放足上，掌中置宝瓶，是弥勒佛像；右手掌向外，以食指和拇指夹一药丸，或者持一药钵，是药师佛像；等等。

但人们对这些相对固定的模式，并不感到重复乏味，究其原因，就在于传神。没有这些模式，就没有传神。

第三，气韵生动。气韵生动是中国绘画的灵魂，不了解气韵生动，就不能了解中国绘画的最突出的特点和优点。宗白华在《论中西画法的渊源与基础》一文中说："中国画既以'气韵生动'即'生命的律动'为终始的对象。"

只要不带偏见，就会强烈地感觉到敦煌石窟艺术生动的气韵。那一尊尊飞天，那一尊尊菩萨，那生动线条描绘的逼真神情，那满壁飞动表现的活泼舞姿，可以看出，气韵生动不仅是文人画的灵魂，也是敦煌石窟画工画的灵魂。

第四，意境丰富。意境是神形兼备、情景交融、气韵生动所传达出的韵外之致。当我们沉醉于敦煌石窟艺术时，从静止的壁画中看到了生动的舞姿，从无声的雕塑中听到了美妙的音乐，这就叫情景交融、虚实相生、象外之意、韵外之致。

第五，崇高。所谓崇高，就是天人合一的境界。儒家、道家、佛禅，对于天人合一的论述，在本质上是一致的。在敦煌石窟艺术中，我们看到的飞天就是天人合一的体现。飞天形象经历了由神到人、从天上到人间的变化，人们对改造与服务人间社会的世俗需求日益强烈，这正是天人合一观念在艺术上具体而生动的体现。

根据以上分析，可以做出结论：画工的作品是中国艺术宝库中极其光辉灿烂的篇章。

后记

想写一本关于敦煌艺术的小册子，屈指算来，那是 15 年前的事情了。

2007 年，北京电视台《中华文明大讲堂》栏目请我讲解中国绘画欣赏。按照电视台的要求，从唐伯虎开始，沿着文人画发展的线索，只做了 10 集的计划。讲完了，我提出，到此为止。电视制片人于瀛是一个有本事的人，她说，为了配合中国美术馆的敦煌艺术展，再讲几集敦煌艺术欣赏。

就在电视台播出敦煌艺术欣赏时，敦煌艺术展如期在中国美术馆隆重举行。人山人海，盛况空前。敦煌艺术是博大精深的艺术，是令人心醉的艺术，也是难解的艺术。一幅壁画，满满一墙，几十上百的人物，有亭台楼阁，有绿树红花，有音乐舞蹈，有天女散花。每一个小小的角落都有无穷的意味，每一个小小的片段都有无限的意境。人们可以提出各种问题：他们是谁？他们在干什么？他们的周围有什么人？他们是什么关系？这幅画表现的是哪一卷佛经？扪心自问，自己究竟懂得多少呢？对于敦煌石窟艺术的魅力，自己究竟感触了多少？每当我参观完这些作品，总会伫立在美术馆前的广场上，陷入久久的沉思。

许多观众在美术馆面对像谜一样难解的敦煌艺术时，大约像我一样不知所措。一些已经参观结束的观众，走出展览大厅，认出我之后，误以为我很明白，跑来问：什么叫经变画？什么叫本生画？什么叫佛传画？什么叫因缘画？我心中有几分悲哀。买票来参观，最后竟然不知道什么是经变画、本生画……这不是和没有参观差不多吗？其实，当我置身于敦煌艺术之中，比任何时候都突出地感到自己的孤陋与肤浅。可是我被观众热爱敦煌艺术的热情所感染，竟然暂时忘记了自己的孤陋和肤浅，斗胆回答他们的问题。

就在我面对观众那一双双茫然无助的眼睛时，忽然萌生了一个想法：能不能给他们，就是给带着满腔热情、头景来参观敦煌艺术，但又不明白什么是佛传画、经变画、本生画、因缘画的人写一本小册子，一本图文并茂、通俗易懂、薄薄的小册子，引导他们轻轻松松地走进敦煌艺术的大门。

阐释敦煌艺术的巨著是很多的。从美学角度的、从哲学角度的、从历史角度的、从艺术角度的，比比皆是。那些专家学者的书写得很好，深刻地阐释了敦煌艺术的历史、风格、变迁和发展规律。但是，对于尚未入门的人来说，还是太艰涩了。

其实，写一本小小的通俗读物，绝非易事。多年来，我致力于撰写艺术通俗读物，深知其难。对于敦煌艺术，由于自己的孤陋和肤浅，就更加感到困难。

世界上的事情，充满了偶然。也许，没有发生一些偶然的事，我就没有勇气写一本介绍敦煌艺术的通俗读物了。有一天，我带着清华大学美术学院的艺术硕士研究生去美术馆参观敦煌艺术展览，在一个"洞窟"中，同行的人大多走散，我还在一尊佛像前遐想。

这时，我忽听有人轻声叫道："杨老师……"就是这声呼唤，把我从古代唤回。我看到一个穿制服的工作人员，我们从未见过面，便问道："我们……"

她答道："我们在电视上见过面。"

仔细一看，应当是敦煌研究院的工作人员。我便非常紧张，迫不及待地问道："我有讲错的地方吗？"

她答道："有。"

我更加紧张。如果旁边有人，也许会看到我额头出汗，面色苍白。但我当时来不及想自己是什么样子，问："什么地方说错了？"

她大约看出我的紧张，莞尔一笑，说道："不是你说错了，是主持人说错了一句话。"我释然了。就在这一天，就在这个"洞窟"里，我向她请教了许多问题。比如，从什么地方能够看出来敦煌艺术受到了古希腊艺术和印度艺术的影响？思维菩萨有什么特点？别的寺庙中有五百罗汉，为什么敦煌没有？如此这般肤浅甚至不当的问题，问了许多。她几乎对答如流。她的解答，对于我这个渴望了解敦煌艺术而又非常浅薄的人来说，有如拨云见日，醍醐灌顶。

　　最后，我知道了这位善良而又有知识的人叫陈瑾。我们互留了手机号码，她很大度地允许我向她求教不懂的问题。每当请教，我实事求是地叫一声"陈瑾老师"，她总是很谦虚地说："别叫老师，这会折杀我的，我是一个才疏学浅的小沙弥。"我总是说："沙弥在门内，而我在门外，叫作槛外人。你就是领我进入敦煌艺术大门的老师。"

　　我经常请教，她总是耐心地答疑解惑。有一次，我问了一个问题，她没有随口乱答，而是像一个科研工作者那样实事求是地告诉我她不懂。这本来就使人感动，尤其使我没有想到的是她介绍我去问专家丁淑君，丁老师是一个渊博而热情的人，她不仅解答了我的困惑，还把相关的博士论文发到我的邮箱中供我进一步学习。

　　有一天，一位白发苍苍的佛教居士，风尘仆仆地敲开了我的大门（难为她，怎么知道并且找到我的住址的），只为了告诉我，我在电视节目中读错了一个字。她说，释迦佛的大弟子迦叶，这个"叶"字应当读 shè，不应当读 yè。她很严肃地告诉我，佛爷的名字不能读错。第一次读错，佛爷是不怪罪的。如果第二次再读错，就……临走，她又留下了两本阐释佛经的书，没有任何索取，甚至连口水也没有喝。我望着老人的白发和渐行渐远的弯腰背影，心里感慨良多，眼睛酸酸的。

　　一个偶然的机会，我认识了在清华大学美术学院学习的博士后谢静，她的父辈把一生献给了敦煌艺术，她又继承父辈的意志，读了敦煌艺术学的硕士、博士、博士后。当我读到她的父辈写的著作时，我的心被深深地震撼了。我甚至觉得，那些书不是用笔墨写成的，是用心、用血、用青春、用幸福、用一生的一切换来的。是的，也许书中没有什么高深的哲理，没有振聋发聩的观点，没有载入史册的突破，但是，在文字之外，我不仅看到了他们父女对敦煌艺术的赤诚和热血，还似乎看到了许多把一生都献给敦煌艺术的人的赤诚和热血。我想起了常书鸿、段文杰、樊锦诗、柴剑虹、赵声良……

　　我算什么呢？

　　我胆怯了。

　　就这样，在矛盾的心境中，停停写写，写写停停，时光荏苒，15 个年头过去了。初稿只有壁画与彩塑，后来补充了建筑、音乐、舞蹈以及政治、军事、生产、服饰等方面的世俗画面。待完稿时，本来应当兴高采烈，实际上却是忧心忡忡，因为生活已经发生了很大的变化。

15 年前，敦煌研究院那些把一生都献给敦煌的可敬可佩的人物，往往把自己的视线放在了艰深的研究上。他们写的书，很厚，很艰深，一般读者望而却步。15 年后的今天，那些可敬可佩的敦煌人，不仅有很厚很艰深的大部头著作，也为大众写出了可以轻轻松松阅读的普及读物，例如樊锦诗主编的《读懂敦煌》、赵声良编写的《敦煌石窟艺术简史》以及他主编的《写给青少年的敦煌故事》等，深入浅出、娓娓道来。我这本小书似乎失去了意义。但我想，也许它依然可以作为专家学者著作的补充。

"阳春白雪"是社会的需求，"下里巴人"也是社会的需求。人们喜爱《论语》《孟子》，但也不排斥《三字经》《百家姓》。花中之王牡丹能够给人们带来欢快，路边的一株小草同样能够给人们带来愉悦。不错，有人高唱"牡丹之歌"，但是也有人唱没有花香、没有树高的"小草"，难道不是事实吗？

杨琪

二〇二三年春

敦煌艺术
千年流变之路

A
THOUSAND
YEARS
OF
DUNHUANG
ART

每一门艺术都有它在艺术上达到完满发展的繁荣期，
在此有一个准备期，后此有一个衰落期。
因为艺术作品全部都是稀有作品。
不可能一步就达到完美，而要经过开始、进展、完成和终结，要经过地苗、开花和枯萎。
这类艺术发展的规律，对于敦煌石窟艺术也完全适用。
大体说来，对于敦煌石窟艺术，
十六国（北凉）北朝（北凉、西魏、北周）为初创期，
隋唐为繁盛期，五代及以后为衰败期。

敦煌艺术时间线

明代嘉靖三年（1524）... 关闭嘉峪关

元代 1206—1368（1271 年忽必烈建立元朝）

西夏 1038—1227

宋代 960—1279

五代 907—960

唐代 618—907

隋代 581—618

北周 557—581

西魏 535—556

北凉 386—534（439 年北凉灭）

北魏 397—439

莫高窟第268窟
交脚弥勒佛

莫高窟第272窟
飞天

莫高窟第272窟
殿堂窟

莫高窟第272窟
胁侍菩萨像

莫高窟第268窟
禅房窟

Northern Liang
397—439

佛教传入中国之后，经过一段时期的磨合，逐渐中国化。北凉奏响了佛教艺术中国化的第一个乐章，体现了中原华夏艺术对印度佛教艺术的最初改造。

首先是洞窟形制的改变。印度佛教的石窟有两种，第一种是僧房窟，第二种是塔庙窟。北凉的洞窟有两种，一种叫作禅房窟，与印度的僧房窟类似，中央有长方形的过厅，后壁建立佛龛，例如第268窟的禅房窟。另一种叫作殿堂窟，洞窟呈方形，顶部为方形藻井，正面有佛龛，例如第272窟和275窟。

北凉的彩塑具有犍陀罗艺术风格，例如第268窟的《交脚弥勒佛》。这身弥勒菩萨造像两脚交叉垂在座前，形体消瘦，卷式发髻，面部长方，弯眉细眼，大耳垂肩，微笑慈祥，身披右袒红色袈裟，带有明显的印度风格。

北凉的壁画也具有印度艺术风格，例如第272窟龛内南侧的《胁侍菩萨像》，小字脸，上身赤裸，面相丰圆，突出夸张的乳房、肚脐，腰系长裙，赤足踩大连花，造型粗犷，相当典型地保留了印度艺术风格。第272窟的飞天更像印度男性飞天。

北魏

Northern Wei

386—534（439 年灭北凉）

北魏的敦煌艺术风格与北凉有明显的差异。

在石窟的形制上，最典型的是中心柱窟的形式。如第 254 窟，洞窟中央后部是象征佛塔的方柱，与窟顶相连，方柱四面开凿佛龛，以供信徒绕塔礼拜。这是对印度塔庙的继承和改造。

北魏的彩塑，以第 259 窟的《释迦牟定像》为例：身披红色明刻线纹的通肩袈裟，绘人以薄纱透体之感。双腿盘坐，两手相握，自然收在腹前，高鬓披发、脖颈细长，两耳垂肩。头微微下倾，目光下视，细目小眼，薄唇微闭，露出自然上翘，一丝微笑。这是发自内心的微笑，平静的面部表情体现了平静的内心世界。佛尊像显明中国化了。

北魏时期人体晕染技法有新的进步。顺着人体面部额头、腮、颊、下颌，眼眶上下各自分开，依肌理结构画出粗壮的深色"线"，仔细晕染，使之达到肤色柔和、肌体丰满，并有立体感效果。

北魏的壁画，最显著的进步是出现了故事画——本生。因缘、佛传三种故事画，最具代表性的就是第 254 窟的《尸毗王割肉救鸽》。其他著名壁画有《降魔变》《九色鹿本生》《须摩提女请佛因缘画》《沙弥守戒自杀因缘画》《难陀出家因缘画》等。

莫高窟第 254 窟
中心柱窟

莫高窟第 259 窟
释迦牟定像

莫高窟第 254 窟
降魔变

莫高窟第 254 窟
尸毗王割肉救鸽

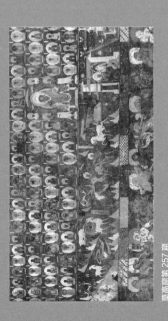

莫高窟第 257 窟
九色鹿本生

莫高窟第 254 窟
难陀出家因缘画

西　魏

Western Wei

535—556

西魏的洞窟形制，除了中心柱窟之外，还增加了覆斗覆斗顶窟。第249窟就是标准的覆斗顶窟，大体为方形，正面开佛龛，窟顶由四壁向中心形成如倒覆斗之斗，故称为覆斗顶窟。整个洞窟

西魏的彩塑进一步接受中原艺术的影响，有实质上的改进。人物形象趋向于清瘦。第285窟的禅僧塑像，面部清秀、身体瘦削，衣饰繁装也表现出飘逸的特征，装饰物具有质感，菩萨面含微笑，眼睑有神。嘴唇欲张未开，人物情态呼之欲出。

西魏的壁画，人物形象最显著的特征一是秀骨清像，二是褒衣博带。所谓秀骨清像，就是人物面容清秀，身体瘦削，所谓褒衣博带，就是袈裟下垂，露出里面的僧祇支，而内衣有打结的带饰，叫作褒衣博带式的僧衣。褒衣博带不见于佛经，是魏晋时代人们的衣饰，因此，这里褒衣博带实际上指的是穿着中原服装的佛像，表明中原艺术的影响作用。例如第285窟的女供养人，就是"秀骨清像"。

西魏在飞天发展的历史上，具有重要的意义。出现了中原风格居上的眉目秀丽的飞天。以第285窟的飞天为代表，这些飞天身材修长，面庞清秀，两身飞天互呈相配合、姿势和谐，形成了一种均衡。呈然身体的比例有些夸张，却使观者感到和谐优美。他们在天花飘荡、云气飞扬的空中，轻盈自在地飞翔。

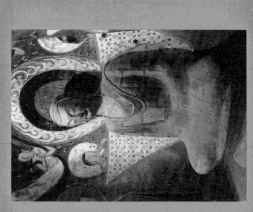

莫高窟第285窟西壁南侧龛内
禅僧塑像

莫高窟第285窟
供养人像

莫高窟第249窟
覆斗顶窟

菩萨像
莫高窟第 428 窟

卢舍那佛
莫高窟第 428 窟

艺术，也有长足的进步。

北周的彩塑，真实地表现了人物不同的性格。佛的两个弟子，迦叶与阿难，一老一少，一个瘦骨嶙峋，肋骨凸显，皱纹满脸，智慧深沉，如第297 窟的迦叶像；另一个精力饱满，头部圆润，青年有为，聪明伶俐。世俗化开始进入佛教世界，石窟艺术中有越来越多的生活气息。

北周的壁画，画面构图更丰富，出现了长达 80 多个故事场景的画面——第 290 窟的佛传故事画。西域的艺术风格已经发生了改变，例如第 428 窟的菩萨形象，面相丰圆，形体矮壮，身体呈现 S 形弯曲，上身半裸，下着长裙，头戴西域式花冠，出现了白鼻、白眼、白连珠、白齿、白下颌的所谓"五白"晕染；比起北魏时期明朗的小字脸，更加丰富细腻。

莫高窟第 290 窟
佛传故事（局部）

莫高窟第 287 窟
迦叶像

隋 代

Sui Dynasty
581—618

隋代迎来了敦煌石窟艺术的繁荣期。隋代虽然仅有 37 年的历史，但在莫高窟新建洞窟 100 多个，并重修了不少前代的洞窟。

隋代的洞窟形制虽然还是中心式和覆斗顶式，但是，它们很少与前代完全相同，充满了创新的精神。例如第 303 窟的中心柱变成了倒圆台形，其中心柱变成了倒圆台形，好像是须弥山的形象。彩塑风格多样，但总的趋向是外来的艺术因素逐渐减弱，本土的艺术因素逐渐加强，表现出宏大的气势，而且表现出突出的个性。

壁画内容空前丰富，不仅继承前代，有佛传画，有佛传画，故事画，供养人画以外，还增加了经变画。这种绘画在唐末成为洞窟壁画的主要内容。著名壁画有第 390 窟的《说法图》。隋代的飞天有了本质的变化，已经由男性变为妙龄少女。有的洞窟以蓝色为背景，飞天似乎在天空中飞行，有的穿长裙，拖着长长的飘带，或手托莲花，或怀抱箜篌，数十飞天在弹奏琵琶，有的迎风疾驰，悠然而来，千姿百态。还有一些洞窟顶的飞天，有的手托莲花，有的手持璎珞，有的弹奏乐器，有的舞蹈散花，上下翻飞，自由翱翔。隋代艺术家热爱飞天，在洞窟的热烈的红色背景中飞舞，气氛热烈，任何位置都可能有飞天的形象。

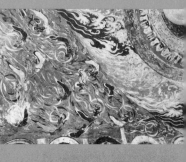

莫高窟第 412 窟
飞天

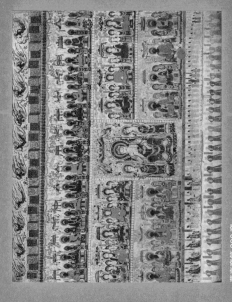

莫高窟第 390 窟
说法图

莫高窟第 303 窟
须弥山式中心柱

莫高窟第 427 窟
飞天

唐 代
Tang Dynasty
618—907

莫高窟第 130 窟
南大像

莫高窟第 96 窟
北大像

唐代迎来了敦煌石窟艺术发展的高峰，艺术成就达到前所未有的高度。

在洞窟形制方面，除了覆斗顶窟、中心柱窟，还产生了大像窟与涅槃窟。其中莫高窟第 96 窟、高 45 米，依山而建，辉煌灿烂，俗称九层楼，是敦煌石窟的标志性建筑。

彩塑方面，有莫高窟第一大坐佛像，即在第 96 窟的弥勒佛，高 35.5 米，也叫作北大像。依崖而坐，高大威严，具有一种震撼人心的气势。莫高窟第二大坐佛像南大像，高 27 米，坐姿与北大像相似，神情庄重慈祥，略含笑意。盛唐第 45 窟南北两等菩萨像，比真人略高，肩披斜巾、项饰珠链、胸饰璎珞，姿态典雅，庄重大方。身材矫健窈窕，神情静谧活泼，风度雍容华贵。这两尊菩萨像，代表了中国古代人物塑像的最高成就，是高不可攀的范本，具有永恒的艺术魅力。

唐代壁画最著名的当属《西方净土变》。这幅第 320 窟的盛唐时的《西方净土变》，真实地描绘了西方极乐世界的场景。其他著名壁画有《阿弥陀经变》《观无量寿经变》《弥勒经变》等。

莫高窟第 45 窟
北侧菩萨像

莫高窟第 45 窟
南侧菩萨像

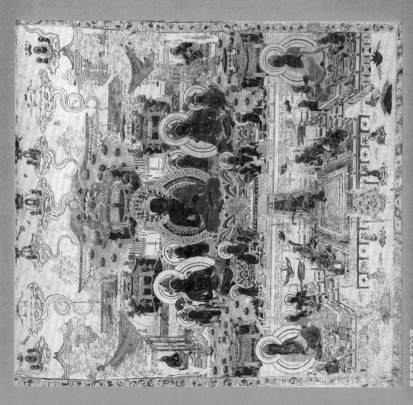

莫高窟第 320 窟
西方净土变

莫高窟第 172 窟
观无量寿经变

莫高窟第 220 窟
阿弥陀经变

榆林窟第 25 窟
弥勒经变

榆林窟第19窟南道
凉国夫人供养像

莫高窟第76窟
炽盛升天

榆林窟第16窟
曹议金夫人（回鹘公主）供养像

莫高窟第98窟
新妇小娘子供养像

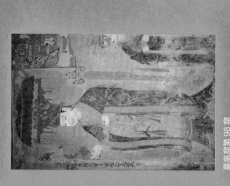

莫高窟第98窟
于阗国王供养像

848年，张议潮率众起义，赶走了吐蕃统治者。851年，唐朝设归义军，敦煌回复到唐朝版图之内，进入了归义军时代。906年，张义潮之孙自称"白衣天子"，建立"西汉金山国"。不久，"西汉金山国"覆灭。914年，曹议金又其子重建归义军政权，大体相当于五代至北宋时期。

在这个时期，敦煌及其周边地区保持了100多年的安定局面，成为河西走廊佛教的中心。开窟41个，重修前代洞窟248个。但是，由于与中原交流极少，敦煌成为被四周强大的少数民族包围的文化孤岛。无论是洞窟形制还是彩塑与壁画，基本延续前代的种类、风格单一，制作粗疏，缺少创新。比较有价值的壁画就是供养人像，衣饰华丽，栩栩如生。

五 代
Five Dynasties
907—960

宋 代
Song Dynasty
960—1279

西夏

200 多年，一直到 1227 年成吉思汗灭西夏，敦煌归元朝统治。从归义军晚期到西夏占领敦煌的初期，回鹘势力强大，莫高窟出现了表现回鹘供养人的壁画，例如第 409 窟的《回鹘可汗礼佛图》。

榆林窟第 29 窟南壁
供养人双童仆

莫高窟第 409 窟
回鹘可汗礼佛图

莫高窟第 61 窟
炽盛光佛出行图

榆林窟第 10 窟
天马纹边饰

榆林窟第 2 窟
商人遇盗图

元 代

Yuan Dynasty
1206—1368（1271年定国号为元）

元代莫高窟新开洞窟8个，重修洞窟19个。元代洞窟艺术最大的特点就是表现了藏传佛教的艺术风格，莫高窟第465窟四壁画有密教图像，保存基本完好，是研究藏密的重要资料。

1372年，明朝征西将军平定河西，敦煌正式归入大明统治。明朝中叶，西域强族骚扰不断，嘉靖三年（1524），明政府被迫关闭嘉峪关，关外的敦煌愈加萧索。自此敦煌艺术在清朝中期以前一直处于中断的状态。直到1900年，敦煌藏经洞被发现，敦煌艺术再一次轰动世界。

莫高窟第465窟
藏传密教壁画

榆林窟第10窟
大日如来

榆林窟第 6 窟
蒙古族供养人

榆林窟第 4 窟
女供养人

莫高窟第 465 窟
供养菩萨

莫高窟第 332 窟
男供养人

图书在版编目（CIP）数据

敦煌艺术通识课 / 杨琪著 . -- 北京 : 中信出版社，
2023.7（2024.8重印）
ISBN 978-7-5217-5748-4

Ⅰ.①敦… Ⅱ.①杨… Ⅲ.①敦煌学－艺术－通俗读
物 Ⅳ.① K870.6-49

中国国家版本馆 CIP 数据核字 (2023) 第 099750 号

敦煌艺术通识课
著者： 杨琪
出版发行 : 中信出版集团股份有限公司
（北京市朝阳区东三环北路 27 号嘉铭中心　邮编　100020）
承印者： 北京启航东方印刷有限公司

开本：787mm×1092mm　1/16　　　　印张：16.75　　字数：207 千字
版次：2023 年 7 月第 1 版　　　　　　印次：2024 年 8 月第 5 次印刷
书号：ISBN 978-7-5217-5748-4
定价：138.00 元